# 仁心金晖

学者邹节明的儒商生涯

[ 艰难困苦，玉汝于成
不忘初心，方得始终 ]

一位致力于中药走向现代化、走向世界的大家
一位带领三金不断前行、缔造辉煌的引路人

伊乐 著

图书在版编目（CIP）数据

仁心金晖：学者邹节明的儒商生涯/伊乐著.
—北京：人民日报出版社，2017.4
ISBN 978-7-5115-4651-7

Ⅰ.①仁…　Ⅱ.①伊…　Ⅲ.①邹节明—生平事迹
Ⅳ.① K825.38

中国版本图书馆 CIP 数据核字（2017）第 066653 号

| | |
|---|---|
| 书　　名 | 仁心金晖：学者邹节明的儒商生涯 |
| 作　　者 | 伊　乐 |
| 出 版 人 | 董　伟 |
| 责任编辑 | 陈　红 |
| 装帧设计 | 华彩博文 |
| 出版发行 | 人民日报出版社 |
| 社　　址 | 北京金台西路 2 号 |
| 邮政编码 | 100733 |
| 发行热线 | （010）65369509　65369527　65369846　65363528 |
| 邮购热线 | （010）65369530　65363527 |
| 编辑热线 | （010）65369844 |
| 网　　址 | www.peopledailypress.com |
| 经　　销 | 新华书店 |
| 印　　刷 | 北京建宏印刷有限公司 |
| 开　　本 | 710 mm×1000 mm　1/16 |
| 字　　数 | 160 千 |
| 印　　张 | 16.5 |
| 印　　次 | 2018 年 2 月第 1 版　2018 年 2 月第 1 次印刷 |
| 书　　号 | ISBN 978-7-5115-4651-7 |
| 定　　价 | 68.00 元 |

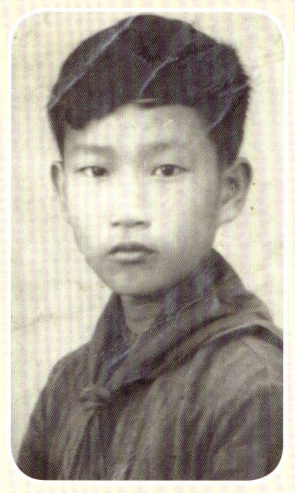
小学邹节明

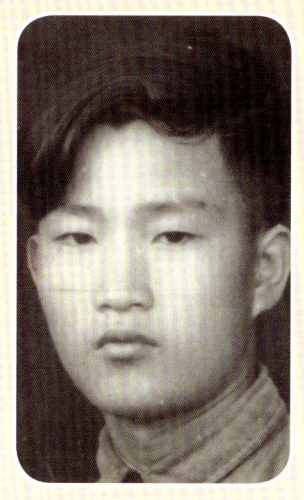
初中邹节明

大学邹节明

生活中的邹节明

邹节明与妻子合影

生活中的邹节明

1994年底，邹节明任桂林中药厂厂长

1998年，邹节明当选第九届全国人大代表

2009年，桂林三金正式挂牌深交所，共同敲响上市宝钟

2010年，邹节明荣获何梁何利基金科学与技术创新奖

邹节明与科研团队讨论工作

桂林三金现任领导班子

# 三金的发展历程

建厂初期（1967—1984年）：桂林中药厂时期，从传统手工作坊起步到成为国内最早生产现代中药片剂、颗粒的厂家之一，但受限于计划经济桎梏，发展缓慢。

一次腾飞（1985—1988年）：通过"转轨变型"，集中力量搞创新，扶持桂林西瓜霜等特色产品，并组建销售队伍独闯市场，企业进入良性发展轨道。

二次腾飞（1989—1993年）：借国家企业"升级"契机，全面加强企业管理，并大胆引入联营机制，提高企业竞争力。企业先后晋升为广西先进企业和国家二级企业。

三次腾飞（1994—1997年）：以桂林中药制药厂为主体，组建桂林三金药业集团，增强抗风险能力，企业发展进入快车道，集团成立当年即实现产销双过亿。到1997年，企业产值、销售收入双双突破3亿元。

四次腾飞（1998—2005年）：为实现高起点上的新跨越，三金因企制宜，全面实施股份制改造，并实现体制、机制的创新再创造，从而推动企业步入新的高速、健康发展阶段。

五次腾飞（2006—2015年）：以筹备上市为起点，企业力图借助品牌、技术优势整合社会资源，不断壮大自身，并于2009年7月成功上市，从而迎来了新一轮的快速发展。2011年，为响应桂林市委、市政府"保护漓江，发展临桂，再造一个新桂林"的号召，桂林三金现代中药产业园在临桂新区秧塘工业园区（简称中药城）破土动工。

二次创业（2016年以后）：2016年，投资10亿元的中药城一期工程基本建成投产，逐渐实现了自动化、信息化、智能化的现代化工业生产，开启了企业二次创业的新征程。

2017年，三金建企五十周年之际，隆重举办主题为"肯定过去、激励现在、展望未来"的建企50周年系列庆典活动，全体三金员工不忘初心，继往开来，在二次创业的新征程上阔步前行！

面对未来，三金将秉承"创新推动医药进步"的企业使命和"敢为先"企业精神，实施以中药制药为核心、为根基的医药产业为主体，以生物制药为重点的生物技术产业与大健康产业为两翼，相关产业为辅的"一体两翼"发展战略，视质量、信誉为企业第一生命，突破创新，锐意进取，全面推进"中国制造"强国战略，打造中国领先的医药制造集团，推动中药产业现代化、国际化发展，实现百亿三金、百年三金！

# 序

# 仁心济世谱传奇

日前,武汉大学生命科学院的同事转来一本图书,名曰《仁心金晖——学者邹节明的儒商生涯》,系由人民日报出版社出版的一本传记作品。他们希望我为此书作序。

武大生命科学院是我任教于斯、就任院长于斯的故园,邹节明董事长是武大生命科学院(前身为生物系)老校友,又是现如今武大生命科学院的科研合作伙伴,我们彼此相熟、相知,于公于私、于情于理,这篇序言我应该写,不可推辞。

读过同是武大校友、85届中文系毕业生乐艳艳撰写的传记之后,我更深入地了解了邹节明董事长数十年的传奇经历:邹节明是武汉大学杰出校友,是一位著名的科学家、企业家,也是一位十分低调的慈善家。几十年来,他从未出版过自己的传记,也从未刻意树碑立传,只是今年三金药业集团成立50周年,在企业上下强烈呼吁下,为了传承三金企业文化,提高新老员工的素质,确保三金继续坚实地做一个名牌上市公司,他才应邀接受采访,同意把自己几十年的创业经历和传奇故事诉说出来,留给企业新老员工、留给子孙后代。

我很高兴有机会进一步传播老朋友邹节明董事长的传奇经历和感人事迹——

邹节明，男，出生于1943年5月，湖南常德人，中药与药用植物专业，教授级高级工程师，执业药师，博士研究生导师，高级职业经理人，桂林三金集团主要创始人。1966年毕业于武汉大学生物系(5年制本科)，毕业后参加了桂林市中药厂(三金药业前身)的筹建，曾任工人、技术员、研究室主任、技术与质检部门负责人、技术副厂长，1984年12月担任厂长，1994年3月，发起组建桂林三金药业集团，任董事长兼总裁、集团总工程师、党委书记；2001年发起组建桂林三金药业股份有限公司，任董事长、党委书记。

2009年，桂林三金正式获发行批文，成为IPO重启后第一家上市公司。

30多年来，他立足本企业，对传统中药生产工艺进行了一系列改革、创新，积极致力于实现中药现代化，使三金成为全国最早的生产中药片剂、冲剂等现代中药制剂的厂家之一；设计和主持研发独特品种32种，成为三金各个发展阶段经济效益的基础和支柱，西瓜霜润喉片、桂林西瓜霜和三金片等研究项目获国家级科技进步奖2项，部省级科技进步奖11项，其中2项获广西科技进步特别贡献奖，桂林三金是目前广西唯一两获此殊荣的单位，为中国中医药事业发展做了大量卓有成效的工作。

他坚持经营以市场为纲、企业管理以人本为纲。尤其1985年以来，他面向市场，坚持改革创新，推动三金完成了"五次腾飞"，使一个作坊式小厂跃居到全国中药行业50强；他重视企业文化建设，积极培育三金文化，倡导"崇信、创新、争先、勤实"的三金精神，注重提高员工素质，不断改善员工生活，严于律己，率先垂范，使公司形成三个文明建设同步发展、相互促进的良好局面。

邹节明历来坚持在继承的基础上，采用科学的方法，创新发展中药，立足于广西，充分利用广西全国第二的中草药资源和壮族、瑶族等少数民族的民间验方资源，率先对民族药进行挖掘、开发。经过50年的创新发展，成功地使公司拥有自主开发的独特品种32种，获国家中药发明专利41项，其中4项发明专利为中国优秀专利，成为目前广西唯一获此殊荣的单位。在众多专利中，"西瓜霜制备工艺"专利为我国中药制备工艺唯一一个国家保密专利，该项工艺使得三金成为在国内外独家实现运用新工艺工业化生产西瓜霜原料霜的企业。

目前，公司在研产品13种，部分已完成临床研究，正向国家申报生产批文。13个新药有4个处方药，其他为OTC或双跨品种。这些新产品将在未来给三金带来足够的业绩支撑。

邹节明校友是第九届全国人大代表，先后荣获首批享受中国政府特殊津贴的专家、广西优秀专家、全国优秀企业家、全国医药科技工作先进个人、中国药学发展奖、首届中国创业企业家、中国科协首届西部开发突出贡献奖、国家首批认定的高级职业经理人、全国劳动模范、何梁何利基金科学与创新奖等荣誉称号。邹节明先后兼任广西科技进步奖评委、第七届、第八届中国药典会委员、《中草药》杂志副主编、国家药典委员会委员、中国中医药管理局中医药工作专家咨询委员会委员、中国企业家协会理事会理事、北京中医药大学博士研究生导师等职。在国家级核心期刊发表学术论文105篇，出版专著3部，培养博士研究生4名、博士后3名。

邹节明校友超过半个世纪的创业传奇，令我肃然起敬！这既是他个人的成就，是桂林三金药业的成功，也是武大生命科学院的光荣，是武汉大学的骄傲！古人称赞一个人的成就，往往以"三不朽"概言之："太上有立德，其次有立功，其次有立言，虽久不废，此之谓三不朽。"立德，即树立道德和品德，完善人的品格；立功，即为国为民建立功业；立言，即提出有真知灼见的言论，在科学或人文领域立一家之言。以此论之，邹节明校友在中医药开发领域可以说达到了"三不朽"境界。书中披露他秉持"医者仁术"的研发理念，以弘扬祖国中医药文化为宗旨，以治病救人为依归，以中医药现代化为己任，他严谨的科学态度和极端认真的工作作风和纯正的职业道德正是他取得事业成功的保证；他带领三金药业成功改制上市，让国家、企业、创业者都获得了财富，这是他作为优秀企业家获得的看得见的业绩；他言传身教，精心打造三金文化，留下"崇信、创新、争先、勤实"的三金精神，创造了一系列经典、实用的企业文化理念，为中国"智造"增加了独特的企业文化遗产。在邹节明校友身上，武汉大学的校训"自强、弘毅、求是、拓新"得到了近乎完美的体现，诚可作为武大学子学习借鉴的榜样。

祝贺两位武大校友傅跃龙、乐艳艳成功策划、撰写、出版了关于邹节明校友的传记，为母校留下了杰出校友华彩的生命乐章、为社会留下了一个儒商创造的半个世纪的时代记忆。我谨祝福邹节明校友健康长寿，祝福三金药业薪火相传，继续为祖国中医药事业做出杰出贡献。

舒红兵
2017年11月23日
于武汉大学

注：序言作者系中国科学院院士、发展中国家科学院院士、第十二届全国政协委员，现任武汉大学副校长。

## 目录
## CONTENTS

| | | |
|---|---|---|
| 01 | 第一章 | 沅江少年梦 |
| 07 | 第二章 | 珞珈四季 |
| 19 | 第三章 | 初识桂林 |
| 25 | 第四章 | 三人问药 |
| 37 | 第五章 | 他乡的积雪草 |
| 45 | 第六章 | 桂林春迟 |
| 51 | 第七章 | 西瓜的羽化 |
| 57 | 第八章 | 成长的三级跳 |
| 69 | 第九章 | 三金传奇 |
| 89 | 第十章 | 天高任鸟飞 |
| 97 | 第十一章 | 上市风波 |
| 109 | 第十二章 | 君子求本，诚信是金 |
| 123 | 第十三章 | 重回珞珈山 |
| 141 | 第十四章 | 父与子 |
| 157 | 第十五章 | 关于冬天的思考 |
| 169 | 第十六章 | 厚德载物 |
| 185 | 第十七章 | 世界，你好 |

| | |
|---|---|
| 195 | 第十八章　新中药 心中药 |
| 213 | 企业大事记 |
| 227 | 后记　君子之德 |
| 231 | 附录 |

# 第一章
# 沅江少年梦

医,仁术也。仁人君子,必笃于情。

——清·喻昌《医门法律·问病论》

烈日炎炎,少年邹节明在沅江大堤上来回奔忙,他一会儿挑着水桶下堤担水取泥,一会儿上堤赤脚将黄泥与煤粉均匀地和在一起踩成浆,他要赶在午饭前把煤砖做好,用这夏日火辣辣的太阳晒干,换回当年九月开学时要交的学费。1957年的夏天,常德的天空湛蓝,没有一朵云彩也没有一丝风,沅江水一如既往地流着,少年心思单纯,他挑起担子,快步如飞,白皙的皮肤晒得粉红,与汗水、煤粉混合,在阳光下亮晶晶的,热气腾腾,充满能量。路过的人忍不住夸赞说:"这个男伢看起来细皮嫩肉的,没想到还蛮会做事。"邹节明腼腆地笑,一口白牙在满是煤粉汗水的脸上显得格外灿烂。一天下来,邹节明能挣五六毛钱。

半个多月过去,邹节明的皮肤晒得黝黑,他挣得半年的学费,还有多余的钱给弟弟做书本费。

## 02 仁心金晖
### ——学者邹节明的儒商生涯

距离开学只有几天了,邹节明洗得干干净净到常清街买文具,走到吉春堂,他习惯性地停下脚步,这个常德最大的中药店总让他忍不住想进去看一看。

进门是大厅,人们排着队候诊,坐诊的中医都是上了年纪的,个个慈眉善目,气度不凡,言语中还透着"不得马虎"的威严;柜台后面一整面墙的药柜,每个小抽屉上都用毛笔书写着药材的大名:防风、甘草、白芍、白芷、黄芪、陈皮等等不一而足。有些药名富有诗意,有些药名则佶屈聱牙。邹节明心中充满好奇也充满想象。

柜台内一角,总有伙计坐着高凳子,脚蹬碾子船来回运动,这样的碾药方式就像是马戏团的绝技表演,让邹节明佩服不已。草药的芬芳,对,是芬芳,让邹节明不由自主地深呼吸,仿佛要让草药的芬芳沁入心脾。在许多人认为草药的味道只有苦涩的时候,邹节明一直认为草药是芬芳的。少年邹节明那时候哪里能想到,对草药的情感会融入他的生活,中草药会成为他终身为之奋斗的事业。就像诺贝尔奖得主屠呦呦,出生时父亲为之命名用典《诗经·鹿鸣》,哪里会知道自己女儿的命运会终身与青蒿相连?我们常说的冥冥之中的缘分大概就是指这个吧。

中国本草以及中医药学的玄妙与博大精深是融入中国人血脉之中的DNA,悬壶济世是中医药先祖的遗训,也是中国医者、药家的使命与座右铭。

邹节明至今还记得吉春堂悬挂的大匾上写着的大字:"修合无人见,存心有天知。"这是吉春堂药号的古训行规,说的是吉春堂要以药品质优为第一,以治病救人为准则。本草不言,人心天鉴。然而,中药的炮制,有着更加严格的程序,所以,另一个牌匾也挂在厅堂,那就是:"炮制虽繁必不敢省人工,品味虽贵必不敢省物力。"创业于清光绪二年(1876

年）的吉春堂，有着不同于其他药号的品质，虽然 1940 年，原业主以三万银元把吉春堂顶给有着"朱砂大王"之称的药商胡祥阶，但古训行规不改，药品品质不变。就像吉春堂药号的招牌，本身就含有万事吉利和事业持久的意思。

走在常德常清街的麻石板路上，少年邹节明只想继续学业，考取大学，并且要学与医药相关的专业。

傍晚，邹节明往家走，弟弟飞奔而来，弟弟说："哥，你的班主任来家访了！"邹节明排行老大，家中弟弟妹妹 5 个，加上父母和奶奶，一家九口人，全靠父亲每月四十多元工资过生活，父母希望邹节明初中毕业就工作，也能帮家里解决点困难。听说班主任家访，邹节明心中难免忐忑，老师的心意邹节明懂，他是好学生，品德、学业、身体，样样都好，好学生一定能获得老师认可，更何况邹节明一直谦卑低调，言语不多，有些腼腆。邹节明走到家门口，就听见班主任说："邹节明是个读书的料，上下去，一定能考上大学。不上高中的话，就太可惜了。"接下来是一阵难堪的沉默。邹节明的父母都是常德普通工商业者，邹节明可以想见，听了班主任的话，他们一定面面相觑，不知说什么才好。沉默之后，邹节明又听见班主任说："我教的这届学生中，只有两个人我敢肯定能上大学，第一个就是邹节明。"

听到这里，邹节明心里五味杂陈，他想听又很怕听见父母的回答，于是他转身跑回常清街，在石板路上久久徘徊——直到天色渐渐暗淡，黑了下来。弟弟又来找他，弟弟说："哥，爹妈让你回家吃饭，明天去常德一中报名。"邹节明鼻子一酸，但他忍住了，与弟弟一起向家的方向跑去。

多年之后，邹节明回忆这一幕仍然心怀感恩，他说："我父母都是老老实实的普通人，他们愿意供我上学念书，教我善良待人，这就是他们给我的最大财富。"而对他的班主任，邹节明说起来心情却格外复杂："我的班主任是个兢兢业业的教师，没有她那次家访我就上不了大学，也就没有今天，我内心一直都在感谢她。尽管她后来把我家工商业者的成分理解成资本家剥削阶级，但我不怪她，在那个年代，她那样理解也很正常。"原来，因为班主任对邹节明家庭成分的误解，邹节明最终没被常德最好的中学常德一中录取，他上的高中是常德四中。解放前，邹节明的父亲与亲戚一起开过一间布店，尽管只是布店的小股东，但解放后还是被看作工商业者，所以邹节明每次需要填写家庭成分的时候都填工商业者。那年学校有意培养邹节明，曾经到初中外调，那位班主任家庭出身也是城市工商业者，在单位却一直被看作资本家和剥削阶级。面对外调人员的询问，班主任沉吟片刻，还是对前来调查的人说，邹节明家庭出身是工商业者，是资产阶级，是剥削阶级。这件事给邹节明带来很大的困惑和压力，此后多年，邹节明变得有些沉默，他学会了拉二胡，学习之余，二胡是他排解青春期苦闷的方式之一，另一个方式就是假期去打零工挣学费。

冬天到了，常德的气候已经不适合做煤砖了，邹节明就去沅江边上帮码头工人扛稻谷推板车做小工。常德是沅江沿线水运交通枢纽城市，许多稻谷在这里从船上卸下来运到米厂脱壳加工。秋冬时节，每天都有人在沅江边等候，用板车把成麻袋的稻谷运往米厂。一麻袋稻谷约有两百斤重，一板车就要装四五麻袋八百斤到一千斤稻谷，拖板车是个技术活儿，遇见上坡要用力推车，遇见下坡要用力拉着。早上5点钟左右，天还未亮，邹节明就爬起来跑到沅江码头，等候用人单位来挑选。书生气是邹节明不容易被挑选上的原因，但只要是选用他一次，用人单位就会回回都挑他了。邹节明干活认真，舍得出力，还从不挑活，这是用人单位最看重邹节明的地方。多年后邹节明回忆说："推一天车能挣两三毛钱，因为那个时候生活水平不是很高,每年冬天我都能把下学期的学费挣到。"然而,最令邹节明难忘的是,在汗水的洗礼中,他品味到了劳动的快乐,他发现,劳动是抵御社会种种歧视与不平的最好武器,这令他终身受益。

1961年夏天,一纸通知书寄到了邹节明家,他被武汉大学生物系录取。这是他寒窗苦读的成果,他如愿以偿。

离开常德的那天晚上,他与弟弟一起来到沅江大堤上,看着奔流不息的沅江水,他想起《论语·子罕》上的话"子在川上曰:逝者如斯夫,不舍昼夜",他很想知道孔夫子是俯瞰江水多久才发出这样的感叹的。江水东流的目的地是大海,自己的目的地在哪里?一定要成为一名生物学学者!这就是邹节明最现实的理想。自从被告知自己出身于剥削家庭后,邹节明变得低调谨慎,他不再做梦,而是让理想逐渐照进现实。邹节明想,也许老老实实做好一件事就是自己对社会和人类最大的贡献了。茫茫宇宙,人是多么渺小,而每一个渺小的生命都有权利把自己最美的年华绽放出来以成就一个伟大的时代和美好的世界。这才是生命真正的意义。

夜深了,夏天的沅江,水流湍急,邹节明浮想联翩,他用一曲《江河水》,向沅江岸边的少年时代致敬。二胡的音色苍凉深沉,邹节明的心中却充满力量。少年终究要长大,要奔赴新的征程,那个懵懵懂懂的时代就这样过去了。

# 第二章
# 珞珈四季

> 精是吾神,气是无道,藏精养气,保守坚真。
> ——清·董浩等《全唐文·卷九四五》

  1961年9月1日,开学的日子,邹节明坐了一天一夜的轮船与火车来到武汉大学报到。位于东湖岸边珞珈山上的武汉大学,依山傍湖,风景全国闻名。高大的梧桐树,古色古香的建筑,树林里石桌石凳上专心读书的学生,处处都散发着书香。邹节明无心观景,匆匆赶到生物系大楼报到。走进生物系大楼,迎面看见一幅画像高高悬挂,邹节明心头一震,仿佛触电一般热流涌上面颊,画像上的古人就是药圣李时珍啊!从前在吉春堂,听药师们讲述李时珍和他的《本草纲目》,心中充满崇敬,没想到来到武汉大学,第一天就看见了他的画像,邹节明不信神灵,而今天,他几乎相信了冥冥之中有一种神秘的力量在连接古今,让他与药圣有一种精神密码的交换,他很庆幸自己选择了药用植物学作为此生的研究方向,他从师长手中庄严地接过校徽戴在胸前,正式成为武汉大学生物系学生。

九月的武汉，天气渐渐凉快起来，秋天来了。这一年的武汉大学，有两件事情让学子们热议。一是化学系的刘道玉同学被选送往苏联留学，只有一个名额。这位刘道玉同学就是后来在二十世纪八十年代进行教育改革被称作"武汉大学的蔡元培"的刘道玉校长。另一个让大家津津乐道的就是诗人郭沫若到武汉大学故地重游并在其旧居前留影，郭沫若先生在他的抗战回忆录《洪波曲》中称"武昌城外的武汉大学区域，应该算得是武汉三镇的物外桃源"。

因为出身于"剥削阶级"，邹节明对政治总是心有余悸，同学们热议的第一件事他内心非常羡慕，但他知道那样的幸运此生都不会降临在他身上，唯有苦读勤学才是自己唯一的出路。当年在武大生物系任教的多是留学归国的科研才俊，学养深厚，从他们身上，邹节明找到了方向和目标。然而，又与他们不同，邹节明希望从老祖宗留下的《本草纲目》中找到中医药与生物学及现代科学的连接点，找到延续老祖宗的智慧之路。他低调谦卑，每天除了上课就是跑图书馆，他阅读了大量原文典籍，《本草纲目》是他的案头书，他要从现代生物学中找到中医药本草的科学依据。

对于诗人与武大十八栋的关系，邹节明并没有产生兴趣，他从常德沅江而来，从一个桃花源到另一个桃花源，他都无心看风景，只有武大校园里的桂花、樱花、梅花和栀子花不断地用芬芳在提醒他，季节变换，四时更迭，一年过去了。

第二年，邹节明作为学长站在迎新的队伍里，他亲爱的大弟邹节德追随他的步伐考上了武汉大学生物系，只不过，大弟记忆中的吉春堂除了草药还有老虎和梅花鹿，所以弟弟报的专业是动物学。兄弟俩考上同一所大学同一个系，这在当时并不多见。邹节明知道，作为兄长，这也意味着责任。他们的生母在邹节明5岁的时候过世，这让他们的童年有着更深沉的情感交流。邹节明很少喜形于色，而这一次，邹节明心中充满激情，他边走边向弟弟介绍他们的武汉大学以及他所景仰的生物系教授。

1961年的武汉大学，是全国九所重点大学之一，排在第四位，著名哲学家李达任校长。生物系教授多半是从国外留学回来的，像高尚荫教授是美国耶鲁大学的博士；余先觉教授是美国加州理工大学的博士，曾在著名的摩尔根实验室工作过。他们都是世界顶尖生物学家的弟子，同时他们自己也是生物学界前途无量的翘楚。这样的教授教导出来的学生自然也不甘落后，当时武大生物系的毕业生，一般都被分配到中央一级的研究单位搞科研或者到大学里面教书，整个生物系是承认国外的研究先于国内，并且大家也铆足了劲要赶上国外的先进水平，因此学术氛围非常浓厚。

赫赫有名的高尚荫教授出生在一个书香世家，他的父亲是一位能接受新思想的学者，曾在家乡创立陶庄学校。高尚荫有兄姐三人，他是幼子。1933年高尚荫获洛克菲勒基金会奖学金，在著名动物学家L.L.伍德拉夫（Woodruff）教授指导下攻读博士学位；1935年获博士学位，并荣获美国SigmaXi科学荣誉学会会员称号；1930年–1935年留学美国，获耶鲁大学博士学位；1935年2月赴英国，并在英国伦敦大学研究院从事短期研究工作后于同年8月回国，受聘为武汉大学教授；1943年高尚荫再次赴美，在洛氏医学研究所任客座研究员，在诺贝尔奖获得者、著名病毒学家W.M.斯坦利（stanley）教授实验室中从事病毒学研究；1947年高尚荫回到武汉大学，继续教学和病毒学研究工作；1949年任武汉大学生物系主任；1956年被评为一级教授，历任武汉大学教务长、理学院副院长、副校长，并先后兼任中国科学院武汉分院副院长、中南微生物研究所所长、武汉病毒研究所所长和名誉所长。

另一位赫赫有名的余先觉教授是湖南长沙人，1935年毕业于武汉大学生物系。1949年获美国加利福尼亚理工学院生物学博士学位。回国后，历任武汉大学教授、生物系遗传教研室主任，湖北省遗传学会第一、二届理事长。余先觉教授是位摩尔根学者，是摩尔根的嫡传弟子，早年在美国从事果蝇的细胞遗传学研究，其研究成果"X—射线诱发的同源异形突体（触角足Antpyr）、突变体（B48g·Scar）以及相关的染色体畸变"等，被美国同行编入专著《果蝇的遗弃变》（D.L.Lindsley & E.H. Grell，1968）。在生物学界，孟德尔为确立遗传学基本原理做出了开创性贡献，摩尔根和他的学生们则以果蝇为材料，发现了伴性遗传规律以及连锁、交换和不分离遗传规律，并提出基因论等，这是对孟德尔遗传学说的重大发展，为现代遗传学的发展奠定了基础。余先觉教授正是这一时期在摩尔根实验室中成长起来的现代遗传学家。

邹节明把弟弟带到生物系标本楼，这是每一个武大人为之骄傲的地方，这里所收集的标本当时在全国也是首屈一指的，曾经与哈佛大学、爱丁堡植物园等外国科研机构交换植物种子和标本。而发起和主持这项工作的正是生物系的老教授钟心煊。

钟心煊，字仲襄。江西南昌人。早年入南昌私立心远中学、南昌公立江西高等学堂读书，宣统二年（1910年）夏考取清华学校首届留美预备班。1913年赴美留学，在伊利诺大学、哈佛大学专攻植物学，获硕士学位。他的毕业论文《中国木本植物名录》是中国早期植物学重要文献之一，常常被国内外学界所引用。钟心煊1931年10月到国立武汉大学生物系任教授。第二年即着手调查采集武昌植物，并于1933年建立武大植物标本室，与哈佛大学、爱丁堡植物园等外国科研机构交换植物种子和标本。1933年8月20日，中国植物学会在重庆北碚中国西部科学院召开成立大会，钟心煊是19位发起创办者之一，被会议推选为学会评议员和新创办的《中国植物学杂志》编辑，其后担任该会武汉分会主席。抗日战争胜利，1946年武汉大学从四川乐山复校武昌珞珈山。为绿化校园，在钟心煊、孙祥钟等教授的指导下，学校从峨眉山、黄山、庐山、神农架等地及英、美、日等国引进大量种苗，其中驰名中外的水杉就是他们最早从湖北利川引进武大并繁育种苗扩散到国内外的。1951年钟心煊参与主持制定《武汉大学调查湖北省植物计划书》，倡议在武汉建立植物园，并组织人员分赴湖北各地调查3个月，采集蜡叶标本及种子、苗木3300份。1956年武汉植物园建成，成为中国亚热带植物种子资源保存地和科研基地。

邹节明滔滔不绝，如数家珍。

这些先生的学养和成就都让邹节明仰慕不已，成为他们，一定要成为他们！这是邹节明心中真实的梦想，邹节明下定了决心。

与邹节明不同，弟弟邹节德对于大学时代的记忆却更多的是哥哥的手足情深。邹节德回忆说："那时候我个子长得快，饭量大，饭票总是不够，老大就总是从自己的饭票里拿些出来给我，每个月都如此。"

下定决心要考研究生进而成为生物学学者的邹节明，更加刻苦学习了，他门门考试成绩优秀，并且从大三开始，他就做好了考研的准备。

1965年，一场大的政治运动正在北京酝酿，然而远在武汉的武汉大学，政治氛围并不浓厚。虽然大学里已经开始批白专道路，但邹节明却依然如故，两耳不闻窗外事，一心只读圣贤书。

1965年5月，邹节明被生物系挑选报名参加研究生考试，当时学校招考研究生很少，一个教授每年只招收一个研究生，邹节明从三年级就开始准备，此时更是踌躇满志，势在必得。然而，意想不到的事情发生了，史无前例的"文化大革命"开始了。

"文化大革命"初期，政治运动风起云涌，写大字报，批判、批斗资产阶级学术权威，批白专道路，一派斗一派，花样翻新很快，邹节明不理解，加上自己的剥削阶级出身，让邹节明比其他同学更为理性和冷静，他告诫自己：在狂热与动乱中，保持着清醒的头脑，不跟风、不参加任何一派的活动。邹节明不想引起其他同学的注意，在大多数同学写大字报开批斗会的时候，他开始悄悄积累知识。

那些邹节明景仰的教授一个个被打倒或被批斗，成了资产阶级反动学术权威，这让邹节明感到惶恐，他一直背负着一个包袱，那就是他的家庭出身。邹节明曾经回忆说："班上的同学一直不大注意我的家庭成分，我们年级里面没有地主成分，资本家成分的好像倒有几个，多是湖北本省人，所以显得突出一点。我一直很朴素，因为家里经济条件不好，全家九口人靠父亲一个人的工资养家糊口。我在大学申请的是甲等助学金，吃饭是学校解决了，生活补贴没有。我弟弟也在武大读书，也是生物系，比我低一年级，他得的是乙等助学金，就是每月资助他十一块五毛钱。我家里一个月寄五块钱来，我首先要拿两块五毛钱给我弟弟交伙食费，另外剩下两块五毛钱是我们两兄弟的书本费和生活日用品费用。我在大学里面也勤工俭学。当时武大生物系有个农场，放暑假和寒假我都要去挑粪。挑一天几毛钱，三年级我要准备考研究生的功课才没有去做。"也许正是邹节明的低调、朴素，他的家庭出身才没有引起其他人的注意。

随着"文化大革命"的深入，研究生制度也被废除，邹节明不知道自己是该悲哀还是庆幸，他看见自己仰慕的教授被批判或被打倒，邹节明内心第一次想要动摇，他感到恐惧："我觉得这个研究生可能考上也完了，我今后也可能就是这个下场。"尤其是当时生物系大名鼎鼎的米丘林学者、何定杰先生也遭大字报批判，这让邹节明大吃一惊。要知道，何定杰先生是老共产党员，应该是又红又专的杰出人才，他早年在法国投身共产党，与早期共产党的许多要人交往甚密。按当时的标准是又红又专的学者权威呀，他怎么也成了资产阶级学术权威呢？看看何定杰先生的简历，邹节明还是百思不得其解。

何定杰，字春乔。湖北汉川姜家岭人。1917年毕业于武昌高等师范学校，留校任附小、附中教员。在此期间，何定杰结识了在高师附小五年级当班主任的陈潭秋，并掩护陈潭秋等在武汉中学建立社会主义青年团。1923年何定杰到法国巴黎大学留学，毕业后被该校聘为实验生物学讲座助理，被导师称为"中国优秀的遗传学家"。1926年北伐军攻克武汉，何定杰回国应聘湖北省立第一中学校长。1928年秋，应聘到武汉大学任生物系教授，1931年任教务长。1936年赴苏、法、英、美、德、日等国作为期一年的休假考察，发表《法国生物学界》等长篇论文，受到国内外专家学者的高度重视。由于在考察中受苏联哲学思想影响最深，回国后苦心自学俄文，钻研《资本论》等经典著作，大胆尝试用唯物辩证法讲授生物学，并于1943年用马克思哲学观点，撰写了《生物进化论》。从事脊椎动物学、无脊椎动物学、遗传学、进化论的教学和研究。其代表作有《达尔文主义》《巴甫洛夫的信号学说和遗传学上当前存在的问题》《本草纲目简编》等。何定杰先生1959年加入中国共产党，同年《人民日报》发表长篇通讯《老教授何定杰》。1960年出席全国文教群英会。曾任武汉市米丘林学会副会长、湖北省科协委员、中国米丘林学会总会理事、武汉市政协委员、武汉市人大代表。何定杰先生的大黑胡子是当年每个生物系学生都熟悉的。连何定杰先生都被批判了，这让邹节明对自己的理想失去了信心，他感受到了绝望。

多年之后，邹节明回忆道："我看见学校一些被批判的人排队去劳动，我想如果我研究生真考上了，我的将来可能也会引起麻烦。后来，我们考完半个月教育部就宣布废除研究生制度，考了也作废，已经读了两年以下的研究生按本科生分配。"紧接着，全国所有大学应届毕业生全部延迟毕业，因为要参加"文化大革命"。后来，应届的大学生毕业分配都要面向农村、工厂和边疆，要到基层去。

那两年，大专院校作为"文化大革命"重灾区很快全面失控，教师被批斗，学生不是在写大字报开批斗会就是大串联。邹节明因为自己的家庭出身，始终不敢加入任何群众组织，他冷静理性地思考了自己的未来。"我们是学基础理论的理科生，如果真的到工厂，我们搞不过工科毕业生，他们在应用方面比我们会强一点；去农村，也搞不过农学院的；去药厂，也将搞不过药学院的毕业生；去医院，搞不过医学院毕业的。那怎么办？我必须根据我的实际情况，做一些应对未来的准备工作。"

邹节明所说的应对未来的准备工作其实与他进入生物系学习的初衷有关。

随着"文革"的发展，大家忙着"大串联"，邹节明却忙着游学听课、进修、自学完成中医药学院中药学本科课程以及西药学本科的主要课程，他要尽快补上药学院学生的功课，为今后的工作做准备。邹节明想：自己家庭出身不好，未来凶多吉少，要隐忍、低调、刻苦，才能为自己争取一个光明的前途。怀揣着这么一个朴素的目的，邹节明认真研读《本草纲目》等中医药学理论与药用植物学知识，到能够去的中医药学院听课，将生物学、中医药学、现代医药学知识结合起来深入研究学习，做好自己的学问，准备创新能力。他相信，他能够做到的就是一辈子做好一件事，如果真的能够这样，他也就心满意足了。

这是一个知识分子最后的念想，在狂热与动乱中，保持清醒的头脑，绝不人云亦云是中国知识分子风骨尚存的表现，邹节明做到了。

## 第二章
珞珈四季

1967年9月，邹节明在中医学院听课、进修、自学了两年之后，终于等到了准许他们毕业的消息，邹节明被分配到广西桂林的中药厂工作。

口述实录：兄长邹节明

口述者：邹节德

小时候，常德有拖板车运稻谷的工人，一辆板车上放四袋谷，一共八百斤，拖车工人非常吃力。当时的常德街上不像现在的马路这么平整，很多地方是石板路，高低不平，工人运米还要上坡下坡，很吃力的，于是上坡时他们就让小孩在后面帮着推车，下坡时要倒拉米车，防止滑坡，一天四毛钱。最难是暑假去做这事，热，花岗岩的石板晒得滚烫的。当时工人的工资也不多，所以给推车的小孩四毛钱也不少，可是夏天的中午天热，赤着脚在石板路上走，烫得直跳。晚上邹节明回来，脚烫红了，奶奶就用酱油涂在他脚板底下。

我印象比较深的就是邹节明去堤上做煤砖，煤是堆在城堤的坡上的，要一担一担地把散煤挑到城堤上，因为城堤上稍微宽一点。先把这个煤挑上堤围一圈，把黄泥倒到里面，加水用铁耙把黄泥浆与煤混和，再用赤脚踩匀。当时煤砖的做法是，把和好的煤铲到一种木质的盒子里，拍实，然后用两只手把木盒端到另外一个地方去，把煤砖倒出晾晒。那一盒煤没有三十斤，也有二十八九斤，一个十一二岁的孩子要把煤端到另外一个地方去晒，是十分沉重的。煤砖晒干后，再把晒干的煤挑到堤下煤店里。记得当时我奶奶跟我说，你哥哥在那里做煤砖，好辛苦，你提开水给他送过去，我提开水过去，看到他确实是辛苦，满脸满身都是黑的，都是汗。我想帮他一下，他就说"走走走，你走……"一直不让我帮，把我赶走。邹节明连续两年暑假都去做，他从小就能吃苦。

邹节明的初中班主任有点儿"左"，因为当时我父亲是"工商业者"，他就把他当成了"资本家"。结果就影响了邹节明的升学，使他没有被市一中录取，去了四中。当时，常德市一中在整个湖南省都是重点中学，四中呢，是邹节明那一届才有了第一届高中，原来只有初中的。

他1958年进的高中，那时劳动多，大炼钢铁嘛。在最困难的时期，邹节明得了肺结核。当时家里非常困难，人口比较多，父亲的月收入40多元，要养一大家子人。我奶奶把她头上的簪子弄了一半到银行里去卖了，卖了百把块钱吧，买药治病。他在这么困难的环境下，还是对学习不放弃。他没有休学，他就是有种不放弃的精神。

应该说，当时的常德四中从硬件、师资力量等各方面条件来说，都远不及常德市一中。但邹节明还是凭自己的努力，考上了武大。

他1961年到武大读大学的时候，生活是非常艰苦的，条件很差，我1962年进校时，情况稍微好一些。我看到有些同学，一点儿不夸张地说，这么大的钵子啊。当时粮食非常紧张，稀饭越煮越清，越煮越稀，都吃不饱。那时生物系有个农场，就是在化学楼的对面。有鸡场、动物房，有一些老师做实验的动物。每学期，每个班都要轮着去那里劳动三五天。那时又很困难，粮食不够，吃不饱。学校就想办法，给每个参加劳动的学生发几块红薯。有一天，邹节明喊我，当时我住在黄字斋，他住在天字斋，中间隔着一层，他拿着两块红薯喊我看。他意思就是说他把红薯留下给我吃。那时候，一般人自己都吃不饱啊。他心地善良，从小他就有那种大哥的风范，富有人格魅力，是我们心中的楷模。

  从 1962 年到 1967 年，我和他在武大相处了五年。每个月，父亲按时给我俩寄五块钱，因为我每月要补交二块五的伙食费，所以他领到钱后，有时给我三块五，有时给我四块，总是给我要多一些。"文革"前的几年里，我俩分别只回过常德老家两次，也没有添置什么衣服，暑假只要有机会都去生物系农场劳动几次，挣点书本钱，免得开学购置书本时为难。为了省钱，我一年级用的《高等数学》、二年级用的《有机化学》、三年级用的《细胞遗传学》和《生物化学》都是他头一年用过的旧课本。这些年，虽然有点清寒窘迫，但丝毫没有影响他对学业的进取和追求。

（2016 年 2 月 28 日）

## 第三章
# 初识桂林

> 人生如天地，和煦则春，惨郁则秋。
> 
> ——清·程杏轩《医述·医学溯源》

终于可以工作了！邹节明满怀喜悦马上动身前往桂林，哪知道，因为"文化大革命"，交通中断。1967年7月，交通终于恢复，邹节明立刻乘坐火车前往桂林，对于他来说，桂林是个陌生而又充满希望的地方。

桂林山水甲天下，这儿是中学学习地理课时很多同学向往的地方。而对于邹节明来说，当火车在广西如梦如幻的山水中穿行，邹节明心头仍然是李时珍的《本草纲目》，桂林山水甲天下也就只是个传说了。

经过一天一夜，火车抵达桂林，迎面而来的是一些连长相都不同于两湖人的陌生面孔，看惯了桃花江沅江美女的邹节明，想象自己终将娶一位土生土长的广西姑娘为妻，心中不免有些惆怅。

还好有桂林米粉，幸亏有桂林米粉！一碗桂林米粉下肚，不仅慰藉了辘辘饥肠，还驱散了旅途的劳顿。邹节明想：还好，饮食习惯与常德和武汉相差不远。总算找到了一个留下来扎根的理由。

1967年的桂林中药厂，准确地说只是一个小作坊式的中药加工厂，正处于筹备阶段，边筹建边生产。

走进桂林中药厂筹备处，邹节明眼前是破败的砖木结构小厂房，并且还是与桂林市蜜果厂合用的；中药厂的职工有退伍军人、街道积极分子，也有走江湖卖跌打药的大叔大哥，多为小学文化，有一名中专生，邹节明是唯一的大学生，有几位老药工是生产一线的主力。不要说实验仪器，只有原始的制药器具，沿用的是熬蜡制壳、炼蜜为丸的手工作坊式的生产方式。

邹节明忽然想起李时珍的话："生产有南北，节气有早迟，根苗异采收，制造异法度。"如此简陋的厂房，如此原始的器具，这些都需要他去了解和熟悉，而更加吸引他去花大功夫了解的还是广西这方水土所滋生的传统的中草药炮制方式。于是，他主动要求下车间当工人，与工人们同劳动，建立互信，他要熟悉中药炮制的十八般武艺。

上班的时候，他虚心请教，耐心观察老药工熬蜜，用石磨研药粉，用搓衣板似的制丸木模制作大蜜丸。这些看似简单的工作十分辛苦，但邹节明依然兴致盎然。下班后，他查阅大量文献，反复研究广西地产中草药，他希望改善生产器械，提高劳动效率，保证产品质量。

与此同时，中药厂的工人师傅们也在悄悄观察这个外地来的唯一的大学生。起初，得知厂里来了个大学生，工人师傅们都感到好奇，后来发现这个白面书生不爱讲话但也和气，遇见了总是微微一笑算作打招呼；他每天上班下班，腋下总夹着本书，低头匆匆而行。几个调皮的姑娘还在邹节明走过之后，跟在他后面学他走路的样子逗得大家哄堂大笑。邹节明能融入中药制作所有流程，却还是难以融入劳动间隙的笑声中。他除了干活儿就是读书，他想改变工厂的现状，要找到中草药与现代生物学技术的连接点，他完全沉浸在中草药的世界里，他觉得时间不够用。

最初，邹节明被分配到制丸车间炼蜜岗位，传统的炼蜜技术，当时被视为最有技术的岗位，全凭老药工几十年积累的经验，用大铜锅熬蜜，药工要在一旁不停地用瓢翻起搅动以免蜜被烧焦，观察蜜沸腾时泡泡的颜色，老药工用手一蘸然后拉丝观察其黏性和老嫩程度，或用"滴水成珠"法来判定蜜是否炼好了。年轻人学炼蜜，最怕的是用手去蘸这一程序，把手烫起大泡是常事。而邹节明却觉得这件事情很简单，老药工在的时候，邹节明琢磨着这活儿要是掌握好水、温度和糖的比重就没问题。还有那最容易烫起大泡的操作完全可以用温度计来解决，测出温度即可，哪里还用得着下手去蘸呢。邹节明在炼蜜时开展反复试验，将生产的各种药丸品种炼蜜所需的各种温度列制成表格，大家按照邹节明表格上的温度来操作，很快个个都能炼蜜了。此举也得到了老药工们的认可。

广西的中草药资源丰富，当时有四千八百多钟，仅次于云南，广西又是多民族和睦共处的地方，壮族、苗族、瑶族都有丰富的民族医药资源，不仅有独特的中草药，还有许多单方、验方和秘方。每逢周末休息，邹节明就骑着自行车去赶圩，到周边的市场上找特色草药，向壮医、苗医和瑶族老人请教。

日子一天天过去，熟悉了中药厂工作流程后，邹节明又每天沉浸在中草药研究中。外人看这个年轻的大学生觉得他和善而沉静，却不知他心中的烈焰熊熊。他渴望有机会能把所学知识应用到中成药的研究和生产之中，而眼前中药厂如同作坊一样的厂房和传统的坛坛罐罐的生产设施，这让他感到焦虑。他心中纵有梦想万千，一遇见现实也就灰飞烟灭。当青春的激情无处挥洒，邹节明只好用读书和实验来填充。

1969年的春天来到了，桂林中药厂派邹节明与一位同事一起到自治区首府所在地南宁申请建厂资金。

春天的南宁，雨水丰沛。邹节明抵达南宁的那一天，正赶上大雨滂沱，他只好脱下脚上的解放鞋，卷起裤腿打着赤脚，急匆匆地往前跑，跑进广西自治区财政办公室，邹节明看见一位长着络腮胡子的老同志"很像老革命的样子"，就连忙从胸口掏出申请报告和材料递给了他。还没等老同志问话，邹节明就开始陈述中药厂现状和发展亟待解决的困难。老同志看见邹节明急切的样子笑了，说："你还没有告诉我你是谁呢。"老同志的话里有着浓重的陕西口音，仿佛印证邹节明的猜想。邹节明也不好意思地笑了，他连忙自我介绍说自己是桂林中药厂的工人。哪知领导同志听了却说："你是大学生吧？听说你们厂有个武汉大学的毕业生，没想到你穿得这么朴素，并且一点儿酸腐架子都没有。"接着哈哈大笑，握着邹节明的手说，"我叫任耕卿，你这个年轻人好好干，今后会有前途。这样吧，下午两点上班的时候再来。"邹节明这才知道这位"老革命"就是他要找的领导——广西财办主任任耕卿。

当时，广西的武斗刚刚结束，工作秩序正在慢慢恢复。邹节明怕下午任耕卿有其他事不好找，就向门卫打听到任耕卿的家，想中午找到他家里去等。

下午一点多钟，邹节明到任耕卿家的时候，任耕卿忙了一上午刚刚端起碗在院子里吃稀饭，一见邹节明找到家里来，就生气地嚷嚷起来："你这个年轻人，咋就不叫人吃好饭呢？！"邹节明连忙道歉说："对不起，对不起，我心里急，厂子里几十号人等着活干等着吃饭呢。"听邹节明这样说，任耕卿才消了气，约定下午两点准时到办公室见面。

下午，任耕卿带着邹节明找到投资主管部门计委副主任，递上了邹节明带来的建厂资金申请报告。那位副主任看了看邹节明，为难地说："哪里还有钱啊！"邹节明的心，顿时就凉了。可就在这个时候，他听见任耕卿说："我这里可以抠出19万。"邹节明激动得说不出话来。此后，每每回忆起这次经历，邹节明心中就感恩不尽，他说："任耕卿同志的无私帮助，让我一辈子都受益。我一直记着他的话，从那时候起，我就下定决心，一定要立足企业，干出一番事业来。"

邹节明从南宁回到桂林后，任耕卿也很快落实了19万元资金拨往桂林中药厂。经过勘测、设计和反复讨论，厂部迅速确定了建设方案。邹节明骑着他的那辆自行车，开始往返于市区和郊区三里店之间，历经酷暑，从无间断。9月，桂花飘香的季节，邹节明带着100多名民工，用19万元资金，在桂林市郊三里店的荒坡上开始建设属于桂林中药厂的厂房和办公室。

厂房建起来了，邹节明又重新全身心投入到新药试验中。

厂里开大会，邹节明对大家说，银翘解毒丸、藿香正气丸、十全大补丸等大蜜丸的生产虽使桂林中药厂渡过筹备期的难关，但品种、剂型太落后，总这样下去，没有独特的拳头产品，工厂立不住，也没有朝前发展的空间，这个厂就还是没有前途。此时的邹节明，已经是搞产品开发研究的技术员了。

邹节明认为：广西中草药、民族药资源丰富，以此为基础，以中医药理论为指导，现代科技为手段，研发市场短缺、具有本厂特色的新中成药，才能发展壮大。

邹节明决定进行中药制剂的改革。第一个难题，仍然是厂里没有实验条件，邹节明便用自己的钱买来一些简单的玻璃器皿、铝锅等，利用下班后的时间和休息日做实验。他和助手们用柴火烧，用辗槽碾……终于在当年就成功开发出银翘解毒片、穿心莲片、枇杷止咳冲剂等6个新的品种和剂型，使桂林中药厂成为国内生产现代中药片剂和冲剂最早的厂家之一。

之后，邹节明继续带领厂里的青年骨干攻关新中成药，短短的几个月里，桂林中药厂又拥有了片剂、冲剂、丸、散、酊、药酒等数个剂型多个品种。但这仍然不够，邹节明想开发出有着广西特色、其他药厂不可替代的产品。

邹节明再次捧读《本草纲目》，他再一次感叹《本草》原文的魅力。《本草》对话体的序言洋洋洒洒，是药圣与名医的对话，也是中医药文化的精髓所在。"土地所出，真伪陈新，并各有法"，"诸药所生，皆有境界"，"谚云：卖药者，两眼；用药者，一眼；服药者，无眼。"这些名句，既是讲述中医药道法，又是耐人寻味的人生道理。每读一次，他都受益匪浅。

大凡从医学院毕业的人，往往认为民间的草药和偏方不能登大雅之堂。而《本草》，源自民间，是千百年来中国人智慧的结晶，因而成为中国古代最伟大的药典，至今仍然备受关注。对《本草》中的每一个字，邹节明都心怀敬意，他希望自己能继承药圣衣钵，以中医药理论为指导，以广西民间、壮瑶等民族医药为基础，运用生物学、现代医学等现代科技手段，研发特色中药新药。他认为只有这样，才能实现中医药理论与现代生物科学医学的对接。于是，圩场的草药摊，桂林周边的山坳荒坡，民族兄弟的田间地头，都是邹节明驻足停留的地方。这个面容清瘦的年轻人，忘记了生活中的其他，眼里只有与中草药相关的一切。即使是出差在外，邹节明也从没忘记调查和收集中草药信息。每一个小小发现都令他欣喜不已，每一次远足寻访都让他脑洞大开。他如饥似渴地吸收着民间的养分，如入无人之境地反复咀嚼那些来自大地和自然的精华。以至于青春在悄悄流逝，他却毫无知觉。

# 第四章
# 三人问药

不知天、地、人,不可与言医。

——明·汪绮石《理虚元鉴》柯怀祖序

一九七〇年,金秋时节,邹节明申请前往云南调研,他拟定的路线是昆明—东川—会泽—昭通—宜宾,他要像一个真正的采药人一样在云贵川三省的交界地行走,寻找李时珍《本草纲目》所记载的本草中药。当年轻的大学生要上山采药的消息传到车间时,还真有几个年轻人愿意与他做伴。就这样,邹节明背着简单的行李与李德民、李邦清两名同事一起上路了。没有人知道,这位文雅安静的小伙子心中的念想,他像是一个朝圣者,要去云贵川神秘的大山里面,朝圣药王药仙,追寻他的偶像李时珍之所闻,用现代科学理论探寻本草的奥秘。

从出发的那一天起,邹节明的心中就充满了神圣的仪式感,但他不能表露出来,他要克制住自己心头的激动之情,要让这一切看起来再自然不过,他甚至用毛泽东"知识分子到农村去,接受贫下中农再教育"和"大力发展中医药事业"这两个指示来诠释自己此次下乡采药调研的动机和目的。"当时我又瘦,社会上对大学生看法不好,认为是臭老九,就像臭腐乳,闻起来是臭,但吃起来却很好吃。可见心里面还是有些歧视的。开始人家怀疑你,不相信你,你也要通过很多的行动证明你跟他们一样,没区别,他们慢慢就会亲近你。因为我们不是劳动人民出身的,也不是农村的孩子,是所谓剥削阶级家庭出身。"于是,青年臭老九邹节明就选择了这样一个方式将自己置身于艰苦之中,希望通过行动来证明自己。"那个时候心里面会有一些想法和委屈,但是回过头来,冷静想的话,当年的磨炼对自己是有好处的,要达到自己的梦想,未来要达到自己的目标,必须经受这些。"

苦其心志,饿其体肤,天将降大任于斯人也!

采药的日子,邹节明与两位同事一起风餐露宿。邹节明不觉得苦,因为山川巍峨,田野秀美,邹节明为自己生在这样一个美丽的国度而自豪。进入云南,他由衷地感叹彩云之南名不虚传,甚至在心里埋怨自己怎么没有早点到这里来。在昆明,他拜会与云南白药相关的药工和传承人,参观了昆明制药厂,这些他心中想象了很多次的人和地方,又为他打开了很多扇窗户,让他的精神再一次亢奋起来。

作为中草药研究者,没有人不知道云南白药传奇故事的。曲焕章,云南白药的发明者,他在云南也有"药王"之称,也是邹节明非常景仰的前辈,可惜这位云南"药王"没有生在一个好时代,兵荒马乱,政府腐败,一代药王死于贪腐庸吏奸诈小人之手。曲焕章的遗孀缪兰瑛深明大义,1955年主动将曲家百宝丹配方献给人民政府并更名云南白药,从此"云南白药"配方一直作为国家绝密保管在国家卫生部。云南白药的故事给了邹节明很大的启发,一是曲焕章自1902年开始就遍游滇南名山,学神农尝百草,不耻下问,求教当地民族医生和草药医生,获得伤科名药甚多,尔后遂苦心钻研试验,经十载苦心临床验证,反复改进配方,才成功炼就云南白药百宝丹。高手在民间啊！向民间学习,遍访当地各民族医生和药工,学神农尝百草,这是中草药研究者的必修课。二是云南白药中的保险子,当年曲焕章为将曲家大药房生产的百宝丹与市场上的仿造品区别开来,特别制作一粒药丸放在药瓶中,以便患者辨认,这一粒药丸就被称作保险子,是云南白药精华所在。就是这粒保险子,让邹节明心中对中成药知识产权保护有了最初的认识,他佩服曲焕章的智慧,同时也在心中告诫自己,中成药生产靠模仿别人是没有出路的,只有研究出自己的独家产品,才能在中医药界站稳脚跟。

采药之路充满凶险,邹节明就告诫自己大胆心细,毫不退缩。位于昆明市最北端的东川,境内最高的地方海拔4344米,是昆明市的最高点,而东川最低的地方海拔695米,又是昆明市最低的地方,东川世居少数民族主要有彝、回、布依和苗族。由于长期受金沙江和小江及其支流的强烈侵蚀和切割,东川山高谷深、地势陡峭,一山有四季,十里不同天。东川最著名的药材是"雪上一枝蒿",在云南、四川民间广为流传和使用的跌打、疗伤的止痛药中,"雪上一枝蒿"对各种内外伤疼痛内服外搽都具有立竿见影的奇特疗效。但是,"雪上一枝蒿"毒性很大,不经独特的方法炮制是万万不可用的。所谓用之得当治病,用之失当致命,民间常有人因误服或服用过量而中毒死亡。邹节明有备而来,他本来很想一睹"雪上一枝蒿"的风采,可一位给云南白药供货的采药工指点说东川似乎还有一味跌打要药：独定子。于是,邹节明一行立即前往东川寻找独定子。

独定子,石竹科金铁锁属植物,以根入药。《滇南本草》中说："食之令人多吐,专治面寒疼痛,胃气、心气疼,攻痈疮,排脓。细末,每服五分，烧酒送下。"独定子分布在云南四川西藏等地，具有止血止痛，活血祛瘀，除风湿，治跌打损伤、创伤出血、风湿疼痛、胃痛等功效。

与"雪上一枝蒿"相比，独定子毒性则小得多。还有一种药性能与独定子非常像，名叫披麻草。此时的邹节明心中有了一个明确的目标，他希望探秘云南白药配方能为自己开发真正属于广西、属于桂林中药厂的跌打损伤药有所帮助，他要寻找产自广西的主治跌打损伤的中草药资源。在民间药工的指点下，邹节明一行又开始寻找披麻草。

披麻草属百合科藜芦属植物大理藜芦，一般生长在海拔 1375～2400 米的山坡草地。长期以来披麻草都是云南特产中成药的原料。披麻草性寒，味苦、辛。能涌吐风痰，活血散瘀，消肿止痛，杀虫毒。《神农本草经》上说："藜芦味辛寒。主蛊毒咳逆，泻痢肠澼，头疡疥疮，去死肌。一名葱苒。"

一天，为了采到一棵独定子，同行的李德民攀上了悬崖，山风吹来，李德民一个趔趄，一脚踩空，从崖壁往下滚落，危急时刻，幸好有一棵小树挡住了他。邹节明为他捏了一把汗。

第二天，邹节明并没有停下之意，吃过早饭就又与同事上山了，他要继续他的采药之旅。他乐此不疲，一边采药还一边寻访当地医者和民间草医、赤脚医生，记录民间验方，虚心向他们请教。

记不起是哪位诗人说过，"青春就是无所畏惧的奔跑"，也许是因为邹节明的青春在当时中国政治的大背景下压抑太久，走在山河之间，田野郁郁葱葱，邹节明真的获得了全身心的放松，他呼吸着清冽甘甜的空气，心中渴望一场无所畏惧的奔跑……拥抱自然，原来是如此美妙。

在外人看来，邹节明的行为颇有些自我放逐的意味，而邹节明心中隐秘的快乐只有那些蓬勃生长的中草药知晓。走在崎岖难行的山路上，邹节

# 第四章
## 三人问药

明也曾期待着"踏破铁鞋无觅处，得来全不费工夫"的幸运，而一旦看见了他所寻找的中草药，他便飞奔而去，脸上洋溢着灿烂的笑。

就这样，邹节明一行三人继续往北往东寻访，很快，他们抵达了与东川交界的会泽。曲靖会泽也是一个多民族和睦相处的县城，世居民族有汉、回、彝、壮、苗5个民族。云南军阀唐继尧就是会泽人，当年曲焕章用云南白药救过唐继尧的部下并由此传为一段佳话。会泽的风景美丽如画，可邹节明没有时间去赏景，他满脑子都是中草药和民间跌打损伤药的配方。

进入昭通，邹节明一行已经感觉非常累了，可是一想到昭通距离四川近了，邹节明就又兴奋起来。昭通在历史上是云南省通向四川、贵州两省的重要门户，也是中原文化进入云南的重要通道，特殊的地理位置让昭通素有小昆明之称，还是"南丝绸之路"的要冲，素有"锁钥南滇，咽喉西蜀"之称。昭通植物资源丰富，从南亚热带到北温带植物均有分布，其中不乏国家级保护植物，邹节明看见生机勃勃的多样性植物，顿时满血复活，迎着他感兴趣的药材就直奔了过去。忽然，他觉得胳膊和腿上有些痛，撩起裤腿和衣袖一看，才发现是山蚂蟥叮咬他，正在拿他当午餐……

在昭通停留数日之后，邹节明到了宜宾，此时的邹节明已经见过了民间诸多草医高人和名医，邹节明悟出了"高人在民间"的道理，同时他获得了这样一个处世之道："我们不管做出什么成绩，都要夹着尾巴过日子。即使将来取得再大的成绩，也都需要收敛自己。因为强中还有强中手，即使你在这个领域里面现在很不错，但还会有更强的人，另外一个领域比你能干的人太多了。"邹节明被民间高手的用药技艺深深打动，面对山野多姿多彩的植物，他的心头百感交集……

就这样，走完预定的路程，又兜兜转转，直到1971年1月下旬，邹节明一行才回到桂林。

回到桂林，邹节明的采药之旅依旧没有停歇，只是他把行程几乎全都定在了广西，他结合广西特色药材资源，并结合广西壮族瑶族等民族用药经验，开创性地运用源自广西的大叶紫珠、黑紫藜芦，终于开发出属于广西属于桂林中药厂的"三七血伤宁"，经临床验证，"三七血伤宁"显示出更好的止血镇痛功效。

古人云：不知天地人，不谓与言医。邹节明笃信这句话，他认为药圣李时珍就是了解天地、参透天地人关系的人。广西丰富的中医药资源为邹节明提供了动能。经过多年努力，邹节明对广西1000余种民族常用药进行了系统整理、研究和总结，完成了专著《广西特色本草》。

口述实录：大学生邹节明

口述者：李德民（三金集团原工会主席）

邹节明刚刚来的时候，厂里的情况和现在不一样，那时候桂林中药厂才三十几个人，条件非常差，没有独立厂房，没有资金，厂房破破烂烂的，连像样的设备都没有，都是些土设备。他一个名牌大学的大学生，能选择到这么一个小厂，确实很难得。所以我们和他的感情非常好。

他来的时候，也和现在一样，要到车间去。那时候很辛苦，不像现在这样机械化程度高，以前主要生产丸药，炼蜜是最早的工序，他开始就是去干这个，当时除了他，还有个师傅。每天早上5点多钟就要来，烧煤，炼蜜。炼蜜时要看滴水成珠，舀起滴一下，用手掐一下，看黏稠度是否合适。热天本来就炎热，还要烧煤火，灶又是敞口的，热气直往外冒，蜜糖又热，这是第一关，他过关了。第二关，蜜糖和药粉要揣和在一起，这也很辛苦，两人来回用木头舂捶，耗费体力大。现在很多男人都吃不消了，二十世纪六七十年代的人不同，连女同志也干，汗流浃背。他来的时候，干瘦干瘦的，但也和大家一样干。接下来就是搓丸药，那时还没有机械化，搓成条后放在搓板，非常累。邹节明不错，从不叫苦叫累。

他是文化人，别人嫌热光膀子，他不。他在工人面前，因为不怕苦，工人对他印象非常好。这个对我来说，印象也非常深，一个大学生，读书刚出来，干这样的工作不怕苦，是很难得的。

1970年11月，厂里想开发三七血伤宁，云南白药当时是比较出名的。邹节明申请到云南、四川做中草药调研，当时我们去了三个人，邹节明、我，加上李邦清。我们当时走访了好多地方，找人或当地草医、药农带我们去山上采药。天还没亮，我们三人就出发了。山高陡峭，我们主要是采独定子、披麻草等草药。那路非常难走，广西没有这个独定子，找了半天，只采得几株披麻草。有些地方路陡，几次差点儿摔下悬崖，半天才采了四五株做样品。不过，我们的体力都还是不错的，虽然只吃了一餐早饭。

采药回来就搞生产，搞实验，我们把披麻草标本拿回来看在广西能否找到，大量生产的时候，终于在龙胜找到了。

这个厂是1970年6月从东镇路搬来三里店的，当时要建新厂时我就和领导商量，由谁负责，我们都是大老粗，至少要个有文化的，有制药经验的人。想到谁呢，就想到邹节明，和他一商量，他很愉快地接受了。当时三里店说好听点就是先人住的地方，实际上就是坟场，遍地尸骨，一大片密密麻麻的都是坟。一般白天都没什么人往这边走，晚上就更没人，但也有个别人种点瓜果。没平地之前，还有很多尸骨暴露在外面。他每天骑个破单车，从东镇路跑过来，带一帮民工来平地。干了一段时间，天天都在工地，干得很不错。当年虽然自治区拨了钱，但前后也只有19万，最后起了五栋厂房，一栋办公室，两栋宿舍，一栋食堂都是砖木结构的平房，小小的，连厕所都没有。没有会议室，1970年才有了食堂。

我当时是中药厂筹备处领导小组组长，因为我是工人，我只是暂时当这个领导。1971年调来了书记，我才当了副厂长。

大约是1979年，当时我是副厂长，当时厂领导研究这个厂怎么发展，还想增加一个副职，想来想去就想到邹节明，因为他是大学生，专业知识非常丰富，科研上有一套。当时邹节明主要是钻研科研方面的事情，但我们觉得厂子要想发展，应该把他提上来当副厂长。开始和他谈，他没同意，还是想搞科研，后来又和他谈了几次，他才接受这个任务。因为他工作非常负责，不管交代他什么任务，他都能完成。后来上面选市医药工业公司的领导，我和厂领导商量，邹节明完全可以当市医药工业公司的领导，我们就投了他的票。

（2016年2月26日）

# 第四章
## 三人问药

口述者：贾桂珍（三金集团原党委副书记）

我是 1967 年进厂的，邹节明是 1968 年进来的，是唯一的大学生。潇洒、年轻、帅，白面书生、文质彬彬。当时厂里只有 34 个人，我以前是工人，是配料班的。邹节明来的时候正好赶上"文化大革命"，臭老九要和工人阶级打成一片。他来的时候，厂子很小，就几百平方米，一个武大毕业的大学生分配来我们厂，我很纳闷，一个大学生怎么会选择这里，为什么不去科研所之类的地方，感觉他有些大材小用了，但是他很实在。当时厂里除了他一个大学生，还有一个中专生，其他人的学历都很低。他的那个宿舍大概就是 6-8 平方米，他就在那个小房间里面研究出那么多好产品，他还研究改进了产品剂型，以前厂里生产的很多大蜜丸，后来都被他改成了片剂、冲剂。

他是个技术型的人，不爱说话，每天手拿一本书急匆匆地上下班，专心致志搞科研。

1984 年，我在人事科当科长，当时上级要求选择有学历、有专业知识、身强体壮的作为厂长接班人，当时只有他最符合所有条件。市医药局来调查，最后选择了他。群众当时对他有两种看法，一是觉得他文质彬彬的，对他能否管理工厂有疑问；另一种是觉得他具备了很好的条件，相信他一定会把这个厂搞好。我是后一种。

他当厂长的时候正好是国家开始市场经济转型的时候，当时厂里只能发 70% 的工资，更别说奖金了，根本没有。厂里有门路的人能出去的都出去了。当时看到厂子隔壁的外事车船队不仅发奖金还发服装,我们羡慕得很。当时的中药厂就是烂摊子,领导也不团结,四分五裂的,人心惶惶,很涣散。这个时候他一个技术型专业人才要转变为一个管理型的领导,压力很大。后来,他慢慢地拿出了发展规划,厂子也开始有起色,我记得他上任后第一个月员工每人就有6元的奖金,第二个月发8元的奖金,第三个月就有10元的奖金了。所有人高兴得不得了,大家都觉得选对了人。

他的人品好,比较低调。他是个大学生也和我们工人一起做事,这是他的德。当上厂长后,他不断学习管理,在这方面下了很大的功夫,也提拔任用了很多人。

他确实是个技术型的人,专业很有一套,而且有自己的想法,想把企业推向一个高度,工作很拼命,但是我们就遭殃了,每天开会开到晚上两三点。(笑)

他觉得企业管理要提升,需要很多人才,人才是企业发达兴旺的希望,所以他当厂长后,开始招收大学生、中专生。当时厂里人才制度的很多改革,我都是按他的指令执行的。首先招收大学生搞科研,研制新产品,搞技术;中专生在车间做管理;技术学校毕业的做技术工人,人员结构的调整让厂里的人员素质提高很多。第二方面,有人才有产品,没有销售业绩不行,所以邹节明立马成立了销售部,用的都是大学生。随着人员的增加,我们成立了很多部门,按照人员的结构分配,包括车间管理人员,也让大学生加入,管理得很好。

邹节明亲自到全国各个地方考察,设立销售点,包括原材料的采购他都非常清楚。在企业发展到一定程度，他又考虑企业文化的建设，通过扎实努力我们获得了全国红旗基层党组织、全国文明单位和全国思想建设先进单位等称号，在广西医药企业中我们是比较早获得这些荣誉的。

在工作上，我与他吵过架，还拍过桌子。不过他有不对的还是会听取我们的意见，我们吵过架后我不会记恨他，因为我把他当作自己的兄弟姐妹，换别人不行。以前他是团支书，我是宣传委员，他很重感情的，都把帮助过他的人记在心里。

他几乎不休息的，到了周末就去药材市场看药材，精力很好。他谈恋爱都是偷偷摸摸的，他的秘密我们不知道。他结婚很晚，我们都结婚了他还没有。有一天他忽然对我们说要结婚了，让我们帮忙张罗一下。见到新娘子，我感觉她个子高很机灵，我们都觉得很不错。他结婚没有什么仪式，就只有瓜子和糖招待大家，大家给他送的礼物就是《毛泽东选集》。

他当厂长之前我去找他谈话说：这个担子交给你了，只有你非常符合条件，我们都信任你，支持你。后来也证明我们选对了领头羊。

（2016年2月26日）

# 第五章
# 他乡的积雪草

> 勤求古训，博采众方。
>
> ——汉·张机《伤寒杂病论序》

积雪草，又称雷公根、崩大碗，多年生草本。叶片圆形或深心形，如缺口的饭碗，故名崩大碗。生命力极强的一种植物，像袖珍的荷叶，生长在路旁、湖泊边及低湿草地，生机勃勃，绿意盎然。他乡的积雪草，总让邹节明联想到平凡生命与辉煌人生的反差。顽强的生命，在任何一个地方都能产生奇迹。积雪草是全草入药，甘、辛、凉，清热解毒、利湿通淋、凉血消肿，治泌尿系统感染、感冒、中暑、咽喉炎、结石、跌打损伤等。早在童年时，邹节明就认识积雪草，只是他并不知道这个再普通不过的草还有如此多的功效。而真正让他对积雪草刮目相看是在桂林的一个小镇上。

那天邹节明出差，在火车上，一位手中拿着几包草药的老农引起了邹节明的注意。邹节明走上前去，向老农请教。老农说，这草药是从县城的草药摊上买的，治疗尿路感染的效果非常好，拿回家给孩子用。邹节明听了，心中充满好奇，他连忙请求老农，能否让他打开药包看一看。老农见眼前的小伙子文弱儒雅又如此好学，也就欣然应允。邹节明打开老农的药包一看，发现其中几味主药与他平时所看文献和某医院用药多有吻合。金樱根、金沙藤、金刚刺、积雪草，看到这四味草药的时候，邹节明的身体仿佛触电一般，心快要蹦出来，他按捺不住心头的激动，告别老农，匆匆返回工厂。

长期向民间学习的邹节明，最知道金樱根、金沙藤、金刚刺和积雪草的功效，他有理由心跳加快，因为他预感到一种新药的诞生，这是他孜孜不倦研读本草探寻本草的必然归属。一回到工厂，邹节明就迅速投入到"三金片"的组方设计和制剂研究中。

实验总是有两种结果反复出现，成功与失败总是如影随形。伴随着多次失败而获得的成功往往更加让人难忘从而倍加珍惜。邹节明的实验困难重重，最大的困难就是作坊式的中药厂什么科研设备都没有，邹节明试验所用依旧从自家瓶瓶罐罐开始，但这丝毫不能动摇邹节明将试验进行到底的决心，那一年他 28 岁，他有的是时间和激情。为弥补厂里实验条件的有限，他找到了一个合作单位来进行试验。

他是那样专注于他的试验，甚至经常忘了吃饭和睡觉；他是那样执着于他的试验，甚至在反复验证中找到了乐趣；他是那样热爱他的试验，经常夜不能寐日以继夜。

终于，1971 年，三金片研制成功。

以广西中草药为主要原料，治疗尿路感染、肾盂肾炎的良药——"三金片"，是真正立足于广西中草药资源而研制成功的中成药。三金片的研制成功，首先得到了广西业界领导和专家的关注。而在北京等地临床使用后，又立即引起了一些权威人士的注意。临床使用表明，三金片疗效显著。在那个没有广告的年代，这就是最好的广告。

1973年，三金片开始正式投产。

1978年3月18日，全国科学大会在北京隆重举行，邓小平同志做重要讲话，他旗帜鲜明地指出"科学技术是第一生产力"，这是经历十年浩劫后的第一次科学大会，向全世界宣告了中国科学的春天来临。

首届科学大会为多项全国重大科技成果颁奖，三金片榜上有名。

喜讯传到广西桂林，邹节明和桂林中药厂的员工们欢欣鼓舞。这是迟到的荣誉，而又如此恰到好处地鼓励了一个年轻人发愤图强的自信心。获得这样高的荣誉是邹节明在三金片研制过程中从未想到的，所以他备受鼓舞，由衷地感叹天道酬勤。

科学的春天来到了，这是所有知识分子的春天，也是邹节明的春天。所有的"臭老九"又重新获得了尊严，一个尊重知识崇尚文明的社会正在慢慢复苏，尊重知识分子的人格及其劳动成为社会潮流。这一年，邹节明成为桂林市"文革"后第一批最年轻的工程师，他还被党组织确定为重点培养对象，这意味着，他身上背负的家庭出身不好的包袱彻底被卸除了，他对未来充满期待。

是年四月，广西科学大会召开，邹节明作为三金片发明人前往南宁参加科技大会，并领取了广西壮族自治区转发的全国科学大会奖状。捧着奖状，邹节明内心充满激情，这是压抑多年而迸发的激情，充满青春的力量。

"知识就是力量"，昔日的"臭老九"们看到了希望，并重新开始思考国家、民族以及自己所担当的责任。

1978年，真是一个神奇的年份，那么多的事情在中国发生！百废待兴的中国，开始了她蕴含无限活力的经济改革，这个被现代经济学研究者们称作中国经济改革开放元年的年份，是中国现代企业进步的开始。财经作家吴晓波把自1978年开始至2008年的中国企业发展史称作"激荡三十年"，充满诗意和激情。吴晓波在他的《激荡三十年》中说："尽管任何一段历史都有它不可替代的独特性，可是，1978年—2008年的中国，却是不可能重复的。在一个拥有近13亿人口的大国里，僵化的计划经济体制日渐瓦解了，一群小人物把中国变成了一个巨大的试验场，它在众目睽睽之下，以不可逆转的姿态向商业社会转轨。"

1978年的中国，百废待兴，新思潮的孕育渐趋成熟。闻风而来的外国记者获得了考察中国企业的机会，一位名为杰伊·马修斯的记者在参观完桂林一家国有企业后，于7月28日在《华盛顿邮报》上刊文讲述了他的目击见闻。他在文中说"中国工人把他们的工作看成是一种权利，而不是一种机会"，"在我逗留的几分钟里，只有一位女工干了活，而没有一个女工说得清楚她们的定额是多少"。这是改革开放前夕，中国企业的真实写照。

1978年，邓小平为中国打开了一扇又一扇窗户，又以高节奏的出访把国门打开，让中国人看到富裕的生活从而相信变革的力量。每一个人都看见了美好生活在向他们招手，他们没有理由不跟随时代的潮流向前走。报纸上讨论的"实践是检验真理的唯一标准"，就是将思想统一到改革开放的大方向上来。

一大批有理想有抱负的知识分子充满激情，他们的心声就像高尔基《海燕》中的呼喊，让暴风雨来得更猛烈些吧！只不过他们要投入的洪流不再是意识形态的斗争，而是实实在在地创造财富，为人民，为祖国，为他们为之奋斗的共产主义事业。他们中有的人如李东生、陈伟荣、黄宏生参加高考进入大学如饥似渴地学习，要把十年的损失补回来；还有人如柳传志、任正非开始准备投身创业潮头做弄潮儿，用知识和智慧创造财富。而1978年于邹节明，是三金片荣获全国科技大会科技成果奖，是他的中医药事业高起点的起步，也是他的中草药现代化梦想实实在在的开端。

也许，从事医药工作的人天生就应该拥有人文精神，否则，他不可能选择悬壶济世的职业。两耳不闻窗外事，一心研究中草药的邹节明说："京剧和中医药，都是我们中国的国粹，如果没有新一代的传承，就没有生命力。我们要继承不泥古，创新不离宗，中医药的现代化是值得我们这一代人研究的课题，也是子孙后代都不能忽略的课题。"在这个生机勃勃的春天，邹节明看到了中医药事业的巨大潜力，他对未来充满信心。

之后，邹节明又领着助手研制出双虎肿痛宁等数种独家特色的中成药新品种。

随着开发的中药新品种不断增加，中药制剂同行甚至国家中医药管理部门都知道了桂林有个邹节明，他在现代中药制剂、中药新产品开发等方面都有不俗的业绩。而邹节明，照常出入车间和实验室，见人微笑致意，态度谦卑，语气温和，同事没有感觉到身边的这位年轻人与从前有什么两样。生活教会了邹节明宠辱不惊，低调做人。尽管他内心春潮涌动，但外表依然波澜不惊。

还是1978年，邹节明将目光投向古方西瓜霜的工艺，他决心用现代科技对制霜工艺进行改造。桂林中药厂专门为他配备了两名助手，成立专门的研究室并在科研经费上给予支持。

西瓜霜是一味有着两百多年历史，治疗口腔、咽喉疾病的优良传统中药，早在清代乾隆年间名医顾世澄的《疡医大全》中就有记载："西瓜霜治咽喉口齿双蛾喉痹，命在须臾。"

西瓜霜的传奇故事要追溯到清代。有一位走方郎中顾世澄，他生长在中医世家，喜欢云游四方。当他来到广西行医时，听当地人说用西瓜霜来治咽喉肿痛、口舌生疮效果好。为了得到让西瓜长出霜的办法，顾世澄自己动手做试验。他先把西瓜放进泥罐，去除瓜瓤装入皮硝后用瓜皮盖严，用竹签固定好。之后，再用皮纸条和黄泥加封泥罐并放在阴凉处憋霜。10天后，泥罐外果真憋出了白霜。顾世澄喜出望外，当即刮霜试药，霜洒在喉咙中顿时清爽止疼，尽管当时人们对西瓜霜的药学原理还不了解，但顾世澄发现，自制的西瓜霜治疗咽喉痛非常灵验，并且西瓜霜取净后隔些时日还能再生霜，他认为自己是找到了一味不可多得的良药，于是便把制霜方法写入了医学巨著《疡医大全》。后来，民间传说，连皇帝都觉得西瓜霜疗效好，还钦封西瓜霜为"喉科圣药"。

二十世纪五十年代，国内外按传统方法生产西瓜霜。所谓古法发霜，就是顾世澄在《疡医大全》里所记载的工艺：把西瓜切盖，挖出部分瓜瓤，并填入中药后，再把瓜盖盖好，用竹签扦定，装入大黄泥钵中，钵外用皮纸条和泥将缝封固，放在阴凉处，一段时间后，钵外就开始吐白霜，用鹅毛把霜扫下收好，仍把钵存放在阴凉处，再吐再扫，直到钵外无霜为止。按照这种传统工艺，取霜率极低，生产周期长，无法量产。因此，在国内市场上基本见不到西瓜霜产品，当时仍坚持用传统方式生产西瓜霜的药厂屈指可数，广西桂林中药厂是其中之一，有限的产品都给国家去换外汇，无法供应国内市场。到了六十年代末，国内外生产西瓜霜的厂家都相继停产，古药濒临绝境。

西瓜霜生产要传承下去，必须创新工艺。但要推翻已形成的传统方法，常常会比创制新产品更难。邹节明认为，抱着老祖宗的东西不放，不对它加以改造创新，是断然没有前途的。中医药要现代化，跟国际接轨，就像京剧一样,要变革才行。中医药与京剧是两个国粹,现在获取信息的方式太多,京剧如果不与时俱进,人们不一定非看京剧不可;中医、中药也是一样的,科技往前发展,如果你不能随着时代往前发展,不进行创新,也会慢慢萎缩。邹节明认为,中华医药是一个瑰宝,要努力继承与发扬并重,坚持继承而不拘泥古方,努力发扬而不离药宗。只有这样,中医药才能与时代同步,成为永不衰竭的宝库,保持长久的生命力。

1978年下半年,邹节明带着几名助手,正式进入了西瓜霜工艺改造的攻关阶段。

1979年1月17日,桂林中药厂恢复了党委领导下的厂长负责制,邹节明作为技术副厂长进入桂林中药厂领导班子,主管中药厂技术和药品研发工作,西瓜霜的工艺改造成为重点攻关项目,邹节明又开始了新的研发之路。

## 第六章
# 桂林春迟

> 春生夏长,秋收冬藏。
>
> ——《灵枢·顺气一日分四时》

1984年的冬天,桂林的天气湿冷难挨。时任技术副厂长的邹节明思维敏捷、思路清晰,他用开拓创新精神埋头研发西瓜霜新工艺,经常忘记了四时更迭,废寝忘食。有一天,邹节明的妻子出差了,行前嘱咐他照顾两个孩子吃饭,而邹节明在办公室工作到晚上七点半还浑然不知,直到他的小儿子打电话到办公室找他,这才猛然记起要给孩子做饭的事情。

研究西瓜霜的日子,对于邹节明来说,没有周六周日,甚至没有日夜之分,晚上回去在沙发上躺十五分钟,匆匆吃完饭马上又开始工作。在工厂宿舍区,邹节明家的灯总是最后一个熄灭,通常亮到半夜两三点,通宵达旦也是常有的事。邹节明对研究工作的专注,老职工们每个人都能说出几件让人忍俊不禁的事来。

与邹节明同事多年的车间主任周金凤回忆说:"那时候大家都住厂里的

家属楼，邹节明住二楼，我住三楼。有一天下班回家，我忽然看见邹节明从楼上往下走，连忙问，你找我有事吗？邹节明看见我不好意思地笑了，说我正想西瓜霜呢，就多上了两层楼。他每天上班下班都是低着头匆匆走，一边走一边思考研发之事。"

住在邹节明后面那栋楼的宁炳炎说："邹节明家的灯总是亮到半夜两三点，后来我有事去他家才知道，他们家的桌子上面，摆的全部是天平啊试剂啊，还有大部头的书。他每天都在那里称啊，研究啊。不是一天两天，也不是一年两年，那几年他住在我们前面，我看他房间那扇窗内灯光总是明亮至深夜，天天如此，让人非常敬佩。"

1984年参加工作，后来在三金成长为中层管理者的汤一锋说："进厂的时候，邹董还是技术副厂长，对人很彬彬有礼，当时我们叫他邹工，算我们小知识分子的头儿。那时候大家生活都比较困难，厂里给职工一项福利就是可以去厂里挑废汽热水来洗澡，有一次碰到他，他正挑着一担水，我想跟他聊制药工艺上的事，他就把水放下来跟我聊，结果聊得水凉了。与我聊完他又回去重新换了一担热水，可是没走几步又遇见我们厂另一个小年轻，他又放下水桶跟那个同志聊，又是聊到热水变凉水。"

1983进厂的大学生如今已是三金集团党委副书记、工会主席的王淑霖回忆说："当时我们有两怕，一怕他快下班的时候开会，因为之前他要处理很多紧急的事务，处理得差不多就不等第二天，直接把大家叫来开会，这样肯定要很晚才能下班。二怕他交代了事情后问我们。因为他的记性特别好，他交代了任务后不但要我们尽快答复，而且要提供很详细的数据，还要有完全的说明，蒙不了他。"

事业心、责任感强，做事认真严谨的邹节明埋头于西瓜霜新工艺的研制开发，并已渐入佳境。

# 第六章
## 桂林春迟

1984年10月，就在邹节明潜心研究西瓜霜工艺的关口，改革的春风吹进桂林中药厂，桂林中药厂调整思路，改革创新，开始了对企业的全面整顿。上级主管部门派人正式与邹节明谈话，要他担任桂林中药厂厂长，而此时的桂林中药厂已经濒临倒闭的边缘。

"因为当时桂林很穷，中药厂更穷，工资只能发百分之七十。人穷事就多，有要求调离的，有门道的就选个好单位走了，留下来的人，一发工作服就设法把上面印的厂名洗掉，不愿意人家知道自己是中药厂的，好像桂林中药厂没有给他们带来自豪感和尊严。"这是邹节明当时的记忆。他一边研究西瓜霜的工艺，一边考虑如何推掉厂长一职。他踏实低调的做人风格让他本能地排斥做官当领导。

"那时候我焦头烂额的。天天晚上要思考问题到三四点，第二天早晨照样八点钟来上班。一想到当了厂长就得跑市场，找专家，打广告，样样都得从头来，心里就感觉压力大。还有，企业发不出工资和奖金是最操心的事情，职工们需要生活啊。"

尽管困难重重，在几番婉拒未果后，作为党员的邹节明最终还是决定服从组织决定，1984年12月13日，邹节明出任桂林市中药厂厂长，并开始推行厂长负责制，制订了"二年基础，三年改观，五年腾飞"的十年发展规划。他在心中开始规划中医药现代化蓝图，他如饥似渴地学习现代企业管理理论，他要用科学的管理制度来管理中药厂。不破不立，他需要打破旧规矩改革旧工艺，他需要独家特色的拳头产品，在仔细分析了当时的产品结构后，他认为这个突破口非西瓜霜莫属，西瓜霜一定能够创造奇迹。邹节明在心中一遍遍为自己打气，同时，他也一遍遍把自己的经营理念告诉厂里的员工，尤其是年轻的技术骨干们。

大学毕业就到桂林中药厂，后来成长为三金骨干的人都有与邹节明出差开会的经历，他们不约而同地说："我们与老板出差或者开会，都会轮班陪老板，今天谁陪，明天就再换个人。为什么呢？因为老板与你聊工作一般都要聊到半夜两三点钟，年轻人觉多，聊得很困了，但老板还是兴致不减。他不是闲聊，他是把自己的理念和企业的发展规划告诉你，与你研讨。"

1984年1月，邓小平视察南方深圳珠海经济特区，为珠海经济特区题词"珠海经济特区好"，为深圳特区题词："深圳的发展和经验证明，我们建立经济特区的政策是正确的。"这两个题词透露出来的信息让亿万创业大军力量倍增。南方的王石成立了"深圳现代科教仪器展销中心"，那是万科的前身；张瑞敏在山东把质量不合格的冰箱砸成废铁，他要与德国合作，做出中国最好的冰箱来；柳传志下海在北京中关村一间20平方米的小平房里，开始了他的联想创业——各路英雄踌躇满志，心怀宏图大略，尽显英雄本色。

尽管同是南方，桂林的春天比特区的春天来得迟缓还有几分寒意，但邹节明的脚步始终与改革的步伐同节奏。吴晓波把1984年称作中国公司元年，而邹节明正是在这样一个年份成为桂林中药厂厂长，成为未来中国医药生产企业改革的领头羊之一，是时代赋予邹节明机遇，也是命运使然。

一个纯粹的中国知识分子，在国家民族需要的时候，往往义不容辞。

而在几千年的中华文明史上，读书人与商人是不搭界的。古书上说"商人重利轻别离"，与读书人的价值观相去甚远。而今，是改革开放的大潮把中国知识分子推向潮头，成为中国现代企业发展的领头人。他们的奋斗史，无论成败都将是中国现代企业史上浓墨重彩的一笔。

一个伟大的时代携风裹雨来到了中国。

# 第六章 桂林春迟

口述实录：邹工邹节明

口述者：邓君翰（三金集团原副总经理）

我1961年毕业于广西医学院附属卫生专科学校药学专业，分配到桂林市人民医院，1970年下放到永福县，分到医院最基层的公社卫生院。我夫人是独生子女，后来落实政策把我从永福县制药厂调来桂林中药厂。

当时是1978年，我原来想回人民医院，但人家满员了，然后我就到处联系。我去找邹总，他当时是桂林中药厂的技术员，蛮年轻，比我小四岁。我把我的情况向他介绍了一下，他很热情，他说厂里可以要。

1979年春节，我从县里面回来过年，邹节明到处找我，找到我家里面，他说："你怎么还不快办手续啊。"我说："没有这么容易啊。"以前，没有后台、没有亲戚当官，县里的人想调回来非常困难，所以桂林中药厂做了很大努力，1980年12月年底才把我调回桂林到了中药厂。

我对邹节明的印象是比较好的。他工作这么忙，春节还跑到我家，叫我赶紧办手续。当时他还没当领导，既不是厂长也不是副厂长，是技术员。我对他的印象比较深，因为他是武汉大学毕业的大学生，到了这个非常小的中药厂，还能够坚持到最后，他的这个创业精神很难得。他的确是对事业忠诚，他为了中药制药新剂型、摸索、研究工艺精通以后，对中药厂的发展就有了想法，他跟我们说这个厂是有发展前途的，就看怎么做，中药是我们国家的宝库，怎么发扬光大就看我们搞制药的人员是不是有信心、有理想、有想法。他说广西甘蔗丰收、产糖量多，就研究出了很多保健冲剂，比如玉叶解毒冲剂（现在已变为准字号中成药了）、罗汉果止咳冲剂等十几种冲剂。然后把中药厂的剂型由大蜜丸慢慢改为现代的剂型——中药片剂、胶囊剂、糖浆剂、颗粒剂，这在当时中药行业来说是比较先进的剂型。改变了大蜜丸吃起来困难，老人、小孩不喜欢吃的缺点。

我记得有一年出差到北京开会，是质量方面的评比会。当时卧铺票很难买，我们就站在两节火车中间的通道上，一直站到郑州，才买到卧铺票，好辛苦的。然后回来我们就聪明了，买个小凳子，万一买不到卧铺票就坐这个凳子，我们就是这样从艰苦中过来的。

中国药材公司在上海开技术改造会，我们跟邹工到了上海，在一个宾馆里，躺在床上聊天，他说我们现在没有多大名气，要把我们的名气提起来一定要有拳头产品，西瓜霜当时名气不大。邹工说把名牌产品通过推广会推向全国，我们在各地请专家、教授，给他们用了这个药，再开推广会介绍我们的产品。他成天就想着我们怎么发展，结果聊天聊到第二天两点多才睡觉，他的专业精神是很令人佩服的。

（2016年2月26日）

## 第七章
# 西瓜的羽化

> 古人医在心,心正药自真。
>
> ——明·冯梦龙《警世通言》

1985年6月16日,《人民日报》曝光了福建晋江的假药案,改革浪潮中泥沙俱下的现象在医药行业出现了。此时的邹节明正在为桂林中药厂员工的饭碗发愁,他的西瓜霜制霜新工艺研究已进入最后的攻坚阶段。

邹节明深深感受到了时间的紧迫,他用《本草》中的一个民间谚语告诫他的助手们,谚云:卖药者,两眼;用药者,一眼;服药者,无眼。"我们不能睁着两只眼睛去骗闭着眼睛把生死都交给你的患者。""医者,仁也",邹节明认为自己所从事的制药工作是毋庸置疑的良心产业,不得有半点儿歪心邪念。做事如此,做人也如此。

邹节明决定成立销售科,他告诉员工们说,我们的企业要开始由生产型转换成生产经营型,只有这样才得生存,才不会被市场竞争的大潮所吞噬。1985年5月他从中药厂各科临时抽调20人组建了销售队伍,经厂领导班子讨论，邹节明决定大胆起用青年人，任命进厂不久的大学生王许飞担任厂长助理兼销售科长。

踏实肯干、阳光上进的青年王许飞一进厂就是邹节明看好的苗子。果然，王许飞上任后发扬拼命三郎精神，到全国各地跑销售，仅在1986年春节前的40天，他就跑了河北38个县，直到春节前几天才回到桂林。

邹节明一边排兵布局改变销售窘境，另一方面加快科研步伐。他继续和研发团队一起进行西瓜霜工艺改造的科研攻关。其间，他们连续遭遇制霜环境、提速产霜、产霜数量、产霜质量、炮制手段、辅药配伍等环节工艺难题拷问，遭遇数以百次计的失败。

1986年，雪白的西瓜霜在邹节明团队研发的新工艺上成功问世，向世界宣告西瓜霜工艺改革创新完成，历时八年的研究终于获得了丰硕的成果，获得国家标准化生产，之后又获国家专利局保密专利授权。西瓜霜炮制工艺改革完成，意味着传统工艺的发霜变成了现代工艺的发霜。解决了传统发霜的污染高、生产周期长、成本高的三大难题。这三大问题的解决也就意味着解决了西瓜霜的工业化生产问题。要知道，1970年前，由于发霜率低，国内原二十余家生产厂家相继停产西瓜霜，只有桂林中药厂坚持少量生产出口东南亚地区等地，用于出口创汇，在国内是看不到西瓜霜的。

那时候，在国外，凡是有华人的地方都很喜欢西瓜霜，西瓜霜是大家公认疗效比较好的咽喉口腔药品。邹节明研究出来的新工艺生产的西瓜霜，质量、疗效明显优于传统工艺生产出来的西瓜霜，并且取霜率比传统工艺提高了八九倍，生产周期却缩短为五到七天。

对于中医研究者来说，最具现代科研意义的是邹节明首次揭示了西瓜霜含有十八种氨基酸和数种人体必需的微量元素；而对于中药生产者来说，最为重要的是邹节明研究的西瓜霜新工艺便于实现工业化生产，可以量产，再不是原来那种作坊式的"小打小闹"了。正是因为这一点，西瓜霜制霜，这个源于古法又经现代化改良后的生产工艺一经问世就引起了国家的重视，国家将西瓜霜新工艺作为国家保密专利与云南白药一样加以知识产权保护，这为今后桂林中药厂以西瓜霜为拳头产品生产继而带动整个中药厂的高速发展奠定了基础。

从一开始，邹节明的策略就是以西瓜霜为原料，开发以西瓜霜为主药的多个中药复方品种，丰富品种线，适用于不同类型的口腔、咽喉症。他在实验阶段就开始研究桂林西瓜霜喷剂和西瓜霜润喉片，比如润喉片是配以六味中药，西瓜霜喷剂则是在原来复方西瓜霜配方的基础上改革创新，把里面毒副作用大的成分去掉，加入其他的中药材重新研究配制而成。邹节明带领技术团队以西瓜霜为原料，又研发出了包括桂林西瓜霜喷剂、西瓜霜清咽含片等 6 款西瓜霜系列产品。主打经典药品桂林西瓜霜喷剂、西瓜霜润喉片又先后进行了多次技术改进，百年咽喉名药再度绽放异彩，西瓜霜润喉片最高销量曾经达到全国每年每人平均 4 片。

西瓜霜系列的每个品种都有专利保护，保护期是 20 年。

西瓜霜新工艺的创新成功让邹节明对中药厂未来的发展有了更大的信心。他回想起 1984 年他刚上任的年关，桂林中药厂的困境已经让他无法回避。马上就要过年了，厂子周边的企业大多都给职工发奖金，可中药厂当时很穷，效益差完全拿不出钱来。"记得当时市里有规定，利润的百分之七十是用作生产发展，百分之十是用于奖金。但我们厂当时困难拿不出，可职工要过年，我就带着我们的财务科长，找市财政局的主管副局长，请求批准我们从员工福利基金里面拿点，给每个职工十块钱的年终奖。"尽管邹节明总说自己最不喜欢求人办事，但每逢企业需要，他却总是义不容辞地亲自出马"化缘"。也许是他从未因为个人的事情求人，所以每次出山都能获得相关领导的支持。这一次也不例外，财政局支持，最终同意了他的请求。"就这样我们给每个职工发了十块钱的奖金过年。"说到这一段，邹节明的脸上也是充满感激之情。他一直告诫"三金"的员工，要感恩那些在困难时候帮助过企业的人，要用行动回报社会。

1985年12月，桂林中药厂召开年终总结大会，新上任不久的厂长邹节明提出了"两年基础、三年改观、五年腾飞"的十年规划。同时，他告诉大家，1987年，他决定将工作重点暂时从新药研发转移到销售推广上来。

当时组建销售科不久，大家对销售都没有什么概念。"我们原来推销的主要是以益母丸、银翘解毒丸、壮腰健肾丸等中成药大蜜丸为主，以及穿心莲片等现代中药片剂，成立销售科后，就开始在十年规划的战略指导下转轨变型。"回忆起当年的情形，今天三金药业的总裁王许飞充满激情。他说，"第一次转型，即企业由生产型转换成生产经营型，并同时调整产品结构，即从以大蜜丸、片剂普药为主的产品调整到我们特色独家产品上来。由于当时工厂资金不足，底子薄、基础差，主打产品只能在三金片和西瓜霜两个产品中先主推一个。几经权衡，考虑到当时西瓜霜与正骨水、中华跌打丸、片仔癀、云南白药等齐名，在国内外都很有名，与三金片相比，西瓜霜相对市场需求更大、知名度更高。另外，大家也觉得咽喉类药品比较好推，所以就把西瓜霜作为首推的产品了。"

确定了西瓜霜为拳头产品首推以后，桂林中药厂就以西瓜霜为主打，带动其他产品销售。为了尽快将新工艺投入生产，邹节明又自行设计了西瓜霜技改工程方案，并几次远赴北京，反复征求专家意见，与各方专家切磋修改。几经论证，方案终于得到了国家中医药管理局的认同并批准改造。以前的西瓜霜是散剂，而邹节明攻关研究的新工艺生产的西瓜霜产品

## 第七章 西瓜的羽化

是喷剂和喉片，使用起来更为便捷，更加受消费者欢迎。"确定主推产品以后，营销队伍也就有目的去推销了。"王许飞回忆说，"当时我们销售科是两个人一组，分华北组、东北组、西南组、华南组等。记得有一次我们爬火车到石家庄后，为了快点完成任务，我们再兵分两路，从石家庄一天跑一个县。起步很艰难，但好在能不断总结经验教训，及时调整，后来就越来越有章法。"

计划经济时代，中药品销售主要靠两个药品交易会。即每年春季在河南辉县举行的百泉中药交易会和每年秋季在江西樟树举办的樟树中药交易会。药品销售主要靠这两个大会签订销售合同。因为当时没资金，桂林中药厂不能做电视广告，只是请一家公司做了一些广告招贴画就去参加这两个交易会了，销售推广的效果也就可想而知。

君子爱财，取之有道。这时候，经常到北京中国中医药管理局找专家论证自己科研成果的邹节明忽然想到，要是请相关专家来就西瓜霜产品进行一次专业研讨论证是不是对大众更具说服力呢？于是，邹节明和销售科长王许飞、祝长青一起立即启程前往北京，拜访国家中医药管理局推荐的相关专家，筹备西瓜霜学术推广会。

北京西苑医院的耿鉴庭先生是出生于扬州中医世家的耳鼻喉科专家，他对古方传承的西瓜霜新工艺生产的产品产生了浓厚的兴趣。"耿老那个时候好像将近八十岁，只是偶尔出门诊，他本来就是祖传的耳鼻喉科专家，所以对西瓜霜很感兴趣，对我们的学术推广工作也很热心，我们在北京的时候，一到周末他还叫我到他家去吃饭。当时的我还是个愣头青，啥也不懂。"祝长青回忆起耳鼻喉科专家耿鉴庭，脸上仍然洋溢着温暖的神情。

"那个时候我国咽喉疾病中医方面的首席专家是耿鉴庭先生，西医方面是姜泗长先生，通过他们俩把北京各大医院一些知名的主治大夫和科主任聚到一起，进行西瓜霜的学术研讨和推广，影响比较大，也有很多媒体发了新闻消息。"王许飞回忆说，"学术推广活动对西瓜霜进入市场起了很大的作用。因为当时已经没有太多其他厂家生产西瓜霜了，所以耿老积极地帮我们去推广。"忆起故人，邹节明心中不无感慨："他们知道我们这个想法后，就召集了当时全国有名的口腔咽喉方面的专家，把他们请过来，先把药给他们用于临床，用了以后，把病历收集起来进行研讨。那个年代的老专家真的是悬壶济世，术精心仁啊！记得当时就是在研讨会结束时大家一起吃了一餐饭。"

1988年4月，由耿鉴庭教授主持的西瓜霜系列产品的学术推广会在北京召开，由于准备充分，专家给力，推广会取得了圆满成功。人民日报、新华社、中央电视台等大陆的几家大媒体都发了消息，甚至香港的《文汇报》和台湾的《联合报》都刊登了西瓜霜新工艺成功研发的消息。紧接着，邹节明乘胜再战，又赶赴上海，举行第二场学术推广会。上海的推广会也毫无悬念地取得了成功。订单纷至沓来，西瓜霜的销售迎来了开门红。

西瓜霜的工业化生产的实现，以及由邹节明设计并主持研发的桂林西瓜霜与西瓜霜润喉片两个新品种投入生产，使一度陷入困境、濒临倒闭的桂林中药厂从根本上摆脱了被动局面，投产的当年就创利润140万元。

人们说，是邹节明为西瓜霜工艺插上了翅膀；而邹节明说，是西瓜霜让桂林中药厂经历了毛毛虫变蝴蝶一样的蜕变和羽化。

港台报纸称邹节明为"西瓜霜大王"，工人们幽默地说，哪有这么儒雅的"大王"？他是世界上最文质彬彬的"大王"吧！反正我们都知道他不是"山大王"。

# 第八章
# 成长的三级跳

> 方不在多，心契则灵；症不在难，意会则明。
> ——明·陈实功《外科正宗·痈疽治法论第二》

随着产品销路逐渐打开，桂林中药厂从1986年开始，员工的收入在桂林逐渐处于中等水平，而到了1987年和1988年，桂林中药厂员工收入在桂林市就名列前茅了，职工的各项待遇都非常好。邹节明改变了原来的分配方式，实行绩效工资管理制，你创造得多，就能多劳多得，员工的生产积极性高涨。

邹节明没有停止产品创新、技术创新，坚持以市场为导向，效益为目标，技术创新为主线的有三金特色的"四维梯队科技开发战略"，即：新产品开发形成"生产一批，贮备一批，研制一批，构思一批"的良性循环；老产品开发形成"产一代，拿一代，研一代，想一代"的格局；生产技术开发形成"传统技术，一般技术，高新技术相结合"的多层次结构，市场开发形成"播一批种，选一批苗，育一批材"的态势。

所谓三金新产品开发形成生产一批，贮备一批，研制一批，构思一批，就是在生产现有产品的同时就要筹划未来。企业发展如同家庭过日子，要有储备，作为企业当家人的邹节明，他的思考一刻都不敢怠慢，每当一种新药一投入生产他就又马上着手新产品研究，而在新产品研发的同时，还要同时关注市场及业界动态，思考更新的产品作为研发目标和储备计划。他认为只有这样，企业才能像老百姓说的那样"家有余粮心不慌"。身为知识分子的邹节明，读书思考是他生活中不可或缺的组成部分，只有大脑的储备满满，他才能从容地带领企业实现一次又一次成长，而每一次的成长又都意味着一次新的出发，如此呈螺旋状的成长最终必将获得里程碑式的飞跃。

所谓老产品创新开发要形成"产一代，拿一代，研一代，想一代"的格局，就是每隔3～5年，都要进行一次临床再研究，与新进入市场的同类产品开展临床为主的对比研究，通过改进创新，持续处于下一发展阶段的市场竞争优势。与研发新药相比，收到投入少、研究周期短、效益高的效果。

而提出生产技术创新开发要形成"传统技术，一般技术与高新技术相结合"的多层次结构，是因为二十世纪九十年代曾有一段时间，有一些企业盲目追求高新技术和进口设备，而忘记了中成药传统炮制工序的科学性。邹节明认为，中药的传统炮制技术是千百年来，临床应用安全有效经验的结晶，具有深刻的科学性，在还没有用现代科学弄清它到底是什么原因的时候就盲目地否定它或淘汰它是不对的。该炮制的时候，一定要依法炮制，因为千百年来的经验证明了炮制的特殊效果，你就不能随便淘汰它。

至于新产品的市场开发要形成"播一批种，选一批苗，育一批材"的态势,则是邹节明根据市场需要,结合企业实际总结出来的行之有效的经验。邹节明认为,选择经过市场检验有较好市场发展苗头的新药、新产品,予以重点培养,发展成为企业拳头产品,进而培养成王牌产品是三金克难制胜的法宝,应当进一步继承和发展。例如从1986年开始,三金先后选择西瓜霜产品、三金片,通过多年努力逐步培育,发展成为国内同类中成药的第一品牌。

对于一个刚走出濒临倒闭困境的小厂来说,当家人邹节明只能量入为出,勤俭持家。比如在生产上,如果国产的设备就能达到质量标准的要求,那就不一定非要添置进口设备。邹节明算过一笔账,在产品达到同行同等质量条件下,进口一台压片机,那个时候可能相当于国产十台设备的价格,生产能力相当于国产的三台。这就意味着,买了进口设备成本就增加了,企业承担不了势必会加在价格上加重老百姓的负担,那为什么一定要用进口设备呢?所以这种情况下邹节明就是要用国产设备生产。而有必要用进口设备的时候,邹节明也毫不犹豫。比如说检测手段方面有些高端的设备,国内没有,而进口的设备确实能发现很多问题,那么当然就用进口的。

回忆起创业之初,邹节明说:"说老实话,国有企业有的人花钱像花父母的钱,不心疼,这里面有很多的浪费。因为当时的钱是国家的嘛。可是我想,你做事情,不管是为别人打工也好,自己做也好,都要尽心尽力。既然帮他打工,那我就要尽心,这是我的本分;既然拿了待遇,我就要把它做好。你要是觉得待遇少了,就好聚好散,这个也是很正常,但你既然要到这里做,就不能三心二意,就要尽心尽力,这是一个职业道德。"

那时候作为国有企业的厂长,各方面待遇是不错的,比如如果去买台进口设备,商家通常会给几个指标去国外考察学习,这在业界是无须说明的常有的事。可是邹节明想，这不是羊毛出在羊身上吗？所以尽管当时有很多的机会出去考察，他都拒绝了。有时候怕上级领导为难，邹节明就找各种理由推拒。邹节明说，管理也是有层次的，当你的企业发展到某一个程度的时候，它就有相应的管理。你企业还落后的时候用那些先进的管理经验也用不上。但后来，当企业发展到适当的时候邹节明就主动出去考察学习。

1995年，邹节明开始到国外了解先进的技术和管理经验。他第一次出国选择了日本，是因为日本的汉方药在市场上叫得很响。邹节明去参观，发现他们有的制药技术确实要先进一点，但另一方面，他们也有一些没有我们好的地方。邹节明得出结论"制药的装备我们也可适当引进一些"。这次考察，让邹节明看到，汉方药就是从中国学到的药方，有些东西我国已经达到了比较高的水准，尤其是我们一些中药制药技术，在当时就是比较先进的，跟日本比还略高一筹，用邹节明的话说就是"我们是专门搞中药的，他们就是汉方药，他们不是主流"。

老员工回忆说，二十世纪八十年代，西瓜霜喷剂在我国香港及东南亚地区很受欢迎，市场上甚至有不少假货。当时公司人员到上述地区出差考察，住酒店时给酒店服务员一支西瓜霜喷剂，比给十块港币小费还让他们高兴。"因为他们知道我们是内地过去的，拿的喷剂肯定不会有假。"

学术推广模式的成功让西瓜霜顺利地打开了各地市场。

古人云：方不在多，心契则灵；症不在难，意会则明。西瓜霜和三金片的销售业绩，为桂林中药厂的发展立下了汗马功劳。由于面向市场及时"转轨变型"，调整产品结构，桂林中药厂走出了亏损停产的困境，实现了"一级跳"。

二十世纪八十年代，改革开放的中国生机勃勃，新事物层出不穷，人们开始尝试一切有利于经济发展的新路，哪怕这条路并不通向成功，人们仍然要相信"条条道路通罗马"的箴言。中国改革开放总设计师邓小平说中国的改革开放没有现成的路可行，就是要摸着石头过河。于是，敢于尝新给许多企业带来了成功的惊喜。

邹节明一天也没有停止开拓中医药事业的创新之路。除了技术研发的创新外，担任企业领头人的他，也从不敢停下企业管理改革创新的脚步。

1989年，国家收缩银根，大幅度减少放贷，此时邹节明的西瓜霜等独家产品已经做开了市场，急需资金扩大再生产，但银行贷不到款。邹节明冥思苦想，他想到了中国药材公司。当时中国药材公司是全国中药行业主管单位，如果桂林中药厂能与他们联营，一是可以得到宝贵的发展资金，二是可以较快地得到更多行业内的信息，三是企业在申报国家中药技改项目时可以得到更多支持，这对企业长远发展是有利的。于是邹节明立即与对方取得联系，希望他们投资一部分资金，双方联营，他们获得的回报是占有一定的股份。恰逢中国药材公司当时也在国内寻找行业内有潜力的中药企业合作，他们也看中了桂林中药厂的发展潜力和好的效益，于是一拍即合，达成了联营。这是一次双赢的合作。当时中国药材公司投资200万元，占合营公司22.22%的股份。

1989年7月10日，联营后的桂林中药厂更名为桂林市中药制药厂，9月，桂林市中药制药厂晋升为国家二级企业，这在当时的广西中药行业里是独一无二的。1990年，桂林市中药制药厂步入快速发展期，邹节明的事业如日中天。无疑，与中国药材公司的联营，使企业在资金、技术、信息、管理等方面实现优势互补，从而促进了企业的快速发展，1993年，企业获得了长足的进步，实现了企业的第二级跳。

"没有思路，就没有出路"，这是邹节明常说的一句话，邹节明的思考从未停歇。为增强企业竞争能力与抗风险能力，邹节明和他的团队决定成立药业集团继续改革之路，逐步将现代企业管理制度和组织架构引进到企业中来。1994年3月，上级批准以桂林中药制药厂为核心，组建桂林三金药业集团，实现企业一业为主，多元经营模式。三金人迎来了企业成长的第三级跳。当年，三金的工业总产值、销售收入首次双双突破亿元大关，桂林西瓜霜（系列产品）被桂林市政府命名为"桂林第四宝"，成为桂林市的城市产品名片之一。此后，三金一直保持稳健的高速度发展，1997年，三金企业产值、销售收入双双突破3亿元。

"一般来说我们每3-5年会做一次较深入的改革，这个改革是企业内部的改革，所以很不容易。我们第一次腾飞就源于是我们企业转轨变型，调整企业产品结构，制订了企业十年规划，严格按照这一思路走。"王许飞，这个当年一直跟随邹节明打拼的年轻人在三十年后回忆起当时的改革仍然充满自豪，"第二次腾飞就是通过小的资本运作，我们和中国药材公司全方位的联营，引进了200万元的资金，现在看很少，当时占了22.22%，很大一块比例，通过引进他们的资金也引进了他们在全国的影响，利用他们的资源促进了我们企业发展，实现了1989年的第二次腾飞；到了1994年，我们组建了桂林三金药业集团，壮大规模，开始产值突破3个亿、利税突破1个亿，开始了小航母乘风破浪往前走。"

如果说王许飞对三金的"三级跳"记忆深刻，那么，曾经作为邹节明的助手与邹节明一同搞科研跑市场的祝长青，记忆深刻的还有三金的广告推广之路。

随着企业实力的增强，邹节明决定成立市场策划部门，尝试与专业广告公司合作，引入了专业策划的概念。向媒体投放广告，祝长青成为市场策划部门的不二人选，他说："我们公司在中药行业做广告很早，当时最早做的是电台，2000块钱可以做好长时间。"

1990年全国百泉药品交易会上，桂林中药厂一系列风格统一、视觉冲击力强的产品招贴广告惊艳全场，引起了很大的反响，不少经销商都主动找到桂林中药厂展台要招贴画回去做宣传，甚至一些参会人员也专门找桂林中药厂要招贴画回去做装饰画。

"碧绿瓜帽半遮面，时髦女模嘟红唇"，创意独特的招贴画因为画面上"戴西瓜帽的美人"健康时尚的造型迅速吸引了人们的眼球。二十世纪八十年代设计的这款广告海报，现在看仍有不少时尚元素。广告的创意灵感来自一本杂志刊登的某外国品牌的口红广告。那时候请不起广告公司，从这个广告里受到启发，就借用人家的创意进行再创作，将西瓜、嘴唇等切合西瓜霜品牌特性的广告元素和文字进行替换、拼接。印出来的广告在会场挂出来后，引起轰动，很多人特意将这张有着性感红唇的西瓜女郎时尚海报带回家里悬挂，从而也让西瓜霜产品的客户认知度大增。

八十年代末，电视广告成为比电视节目更吸引眼球的新生事物，孩子们模仿电视广告里的人说话，电视广告推荐的食品成为他们的最爱；电视广告不断地告诉中国人美好的生活方式是什么样的，与广播广告不同，电视广告能让人们对美好生活"眼见为实"，这样的吸引力无与伦比无人可敌。邹节明看到了，对任何新生事物，邹节明都不会视而不见。他看到了电视广告的强势推介作用，他决定投放电视广告。

"九十年代初在央视投放广告也都是邹总的决策。"回忆起到央视竞标投放广告的事情，祝长青两眼熠熠发光，他随口流利地背出西瓜霜喉片当时的广告词"片片清凉片片情，一片含于口，清爽在心头"。广告词质朴直白，画面清新自然，意喻润喉片从天上化作雨水掉下来，草由黄变绿，滋润干枯的沙漠长出绿草。"这都是老板的主意。"祝长青说，"好多企业都是这样，用老板的广告词。而我的老板说，我们作为生产者，要站在消费者的角度去理解。"祝长青说这句话时脸上洋溢着得意，因为在他看来，他的老板思维总是比别人高出一筹，值得他为之骄傲。他认为，邹节明从科研专家转型当老板也是与众不同，他从不像社会上的老板一样满嘴忽悠或眼里只有钱，他祝长青的老板当了老板也是多面手，科研、经营样样干得风生水起，比起其他企业的老板，祝长青的老板邹节明还是人们公认的儒雅学者，能够作为老板的助手与老板一起为三金的成长打拼，祝长青觉得无愧于自己的黄金年华。

2000年，桂林三金的广告在央视全面铺开，全国人民在每天等候晚间新闻的时候知道了桂林有个三金药业，西瓜霜和三金片也随之家喻户晓。

"早期的广告可能也走了一些歧路。药品广告其实不是做给消费看的，而是做给大夫看的。但是当时中国药品没有那么好的管理，所以看到广告后谁都可以去买，在国外来说，向大众广告药品是不允许的。"祝长青的成长在这一番话里显而易见。

那么，广而告之之后，销售业绩如何呢？这也是当年中药厂职工要问的问题。对此，祝长青成竹在胸："你可以去看财务那几年的广告投放量跟销售的成长对比，我觉得是成正比的。首先我们是集中财力，主打西瓜霜润喉片，这个广告的投放量还是蛮大的，早期的西瓜霜喷剂跟三金片都没有投放，就是靠西瓜霜润喉片广告。后来企业经济效益好起来了，我们开始对三金片扩大宣传，其实三金片这个产品很好，只是从现代营销学来说最不理想的就是产品名称和特性很难让人产生联想，你说三金片是什么，你跟他解释是产品的几味主药金樱根、金刚刺、金沙藤都带个金字，但这三金跟泌尿系统疾病有什么关联呢？这就需要花很多的广告资源去说服消费者，这是个很吃亏的事情，但是你也改不了。"说起三金广告的起步与发展，祝长青侃侃而谈，好的企业能够让员工与企业一同成长，祝长青就是一个实例。

成长是个充满魅力的过程，而中国的医药企业赶上了改革开放的好年华，她的成长虽然也伴随着稚拙的跌跌撞撞，但她终于如六月的秧苗在充满激情的拔节声中茁壮起来。

口述实录：老板邹节明
口述者：祝长青（原三金药业公司营销部副总）

我们公司在中药行业做广告比较早，当时最早开始做的是电台广告，2000块钱也够打很长时间广告。想到央视投放广告当时是老板做的决策，因为我们的产品虽然是独家产品，但针对的主要是常见病多发症，所以这种同类药还是很多的，这样的话想要让更多人知道我们的产品，就得广而告之。但怎么去做广告，要看做广告的人是不是真心实意，而不是天花乱坠，子虚乌有的东西。当时每年央视招标，都是老板幕后指挥，具体的运作是王总带着我们参加的。

我觉得老板那个时候像是我们的父辈，对我们是非常关心的，不仅仅是工作，还有我们的家人，他都经常询问我们。因为我家庭比较特殊，我很小的时候，我母亲长期生病，父亲学地质勘探，总是在野外工作。

老板就对我特别关心，经常问我：你母亲怎么样啊？当时我们在一个办公室，他是技术科长，我进厂半年以后他抽了俩人去公司产品试制室，给他当助手，其中一个是我，一个是后来的办公室主任李荣群。当时的实验现在看来就像过家家。跟着他做西瓜霜的过滤，用的是市场上买回来的滤棒、铝锅、高压锅，条件相当简陋。

有些东西就是这样，因为中药在很多人眼里确实是拿不出什么实验设备的，尤其是跟西药比。因为中药本来就是很传统的东西，工艺本身也是很传统的，谈不上高尖端设备。比如说70年代膏丹丸散，我们之前的主打产品，全是手工制作的。现在可能没几个老员工能整了。药粉配着蜜糖，搓成丸子，那个时候丸药用蜡壳包装，蜡壳是用木模浸蜡后成型的，药模子是7个或者9个。当时用那个铁爪子扎起来，上面有4排5排6排，每排有4粒，浸于融化后的蜡液中，成为蜡壳，这种蜡壳就是起防潮作用的。全都是手工，包括煮蜡、煮蜜糖，当时搓条都是人工弄好后用搓丸板搓成蜜丸等等，看起来都是非常非常落后的。现在散剂、胶囊剂等，是借鉴了西药方面的技术、设备和工艺。当时我们试制室压片机都是单孔的，一片片压，手都酸死了。现在想起来是有些遗憾，那些工具当时要能留下来做一个制药企业的博物馆该多好。

西瓜霜的学术推广为什么会获得这样大的成功？主要是中药的学术推广长期先天不足，老板走出了自己的一条路，一条诚实诚恳的路，这是他自己的风格。因为做西瓜霜产品本身就是老板一种信念的体现。他希望把中成药发扬光大。当时的大环境对中药来说没有太大空间，中药接下来要怎么走下去还存在很大的问题。但是我觉得老板心中有一种信念，他一直在想要把中成药做到什么程度，在他的心里面，有强烈的信念和目标。否则也很难理解邹总旺盛不衰的激情。他比我年长14岁，但是他的那种精力让我不得不佩服。

那时候，老板布置下来的，站在我们这个层次，很多东西你是不理解，有些东西了解了你也了解不透，因为你不学这方面专业，所以很多东西你就有困惑，但是你又不能老是找他，只有碰到类似的问题就请教师傅。滤棒不行，这个滤孔太小了，半天都滤不出50毫升的水出来，咱们能不能换个滤孔大一点儿的滤棒？其实都是鸡毛蒜皮的小事。但是我觉得都挺有趣的。

据我观察，老板是个非常重感情的人，比如说他有个徒弟，是正规的大学毕业生，因为个人原因离开了公司，出去以后做对公司有损害的事情，我觉得这件事对老板的刺激蛮大的。

商品经济大潮刚来的时候，年轻人都冲动，都想下海去扑腾一下，都以为下海都可以捞到金子。公司有两个中层干部（夫妻）要辞职，老板说你们不要都去，先去一个先看看，老板苦劝劝不住，两个人走了，可是后来没多久又回来了，老板又收了他们。回公司一年，男生好面子，又自己出去做了，女生还是留了下来。

（2016年2月28日）

## 第九章
# 三金传奇

> 凡为医道，必先正己，然后正物。正己者，谓明理以尽数也；正物者，谓能用药以对病也。
>
> ——南宋《小儿卫生总微论方·医工论》

1992年1月8日，87岁高龄的邓小平启程南下，视察武昌、深圳、珠海、上海等地，行程一个多月，所到之处的谈话多以小道消息的形式将核心片段迅速传向全国各地，人们猜测纷纷。3月26日，《深圳特区报》刊发长篇通讯《东方风来满眼春——邓小平同志在深圳纪实》，第二天，全国主流媒体均在头条位置转发播报。解放思想，加快改革开放步伐，走中国特色的社会主义道路，"发展才是硬道理"，成为中国经济改革的指南针，1992年春天也成为中国改革开放的历史转折点。

一首新民歌《春天的故事》传遍大江南北，也传到了歌仙刘三姐的故乡桂林。

对于政治，邹节明并不敏感，之前他只专注于新药特色拳头产品的研发，而担任桂林中药厂厂长之后，他就开始将自己的时间划分成两块，一块延续他的新药研发，另一块则用于学习企业经营管理。当春天的故事传到桂林，深入邹节明心里的只有邓小平同志的那句话："发展才是硬道理。"严谨务实的邹节明深深体会到这句话的含义：中国不再以意识形态的标尺来衡量一切经济现象了，不再有人一定要问国有企业的经济改革是姓资还是姓社了。中国的改革开放今后要以务实的态度，迈开大步朝着更加光明的前景进发，这对于邹节明来说，正是天时地利人和的大好时机。邹节明真切地感受到了春天的来临。

而就在《春天的故事》唱遍全国的时候，一个不同于往昔"鸡汤"的励志故事也传遍了中国。上海杨百万的故事成为向国人进行股票知识科普宣传最生动的实例。它甚至比1990年上海证券交易所开业更令人记忆深刻。1990年下半年，上海和深圳成为中国最吸引眼球的地方，12月1日，深圳证券交易所试运营，12月19日，上海证券交易所开业典礼，时任上海市市长的朱镕基出席并致辞。中国的资本市场开始苏醒，而与其说是苏醒，还不如说是诞生，这是共和国证券史的第一页，书写者就是改革开放这个时代春天的奔跑者们。杨百万的故事应运而生，上海铁合金厂仓库管理员杨怀定，因为炒股成为杨百万的故事令渴望富裕的中国人对股票另眼相看，人们忘却了著名作家茅盾小说中的"多头"与"空头"，忘记了上海陈白露的故事，记住了上海的杨百万，成为杨百万是那个时候许多人的梦想。

而邹节明从杨百万故事里获得的当然不是百万财富的梦想，而是共和国资本市场开启的信息。

"我们曾从1993年就开始启动上市，那个时候上市是要拿指标的。1995年我们有望争取拿到广西发改委的1250万股的指标之际，我们经过

## 第九章
### 三金传奇

反复讨论后决定放弃这个机会。"回忆起三金上市之路，王许飞对邹节明务实稳健又果断的决策能力由衷地佩服。他说，"这件事我们董事长把握得很准，那个时候的选择对我们今后的发展产生了很重要的影响，一旦走错，就不可能有现在这么快的发展。因为这里面有几大问题，一个是我们当时是国有的，拿到上市指标后，怎么走？能走多远？我们也陆陆续续看到了一些国有企业的弊端。"王许飞所言的弊端更多地来源于当时他们对于国有企业上市融资接受输血的实际效果的观察。1992年夏天，"深圳认购事件"让许多专家纷纷向上层决策者进言，上市融资也许是救活国有企业的灵丹妙药。中央将股票上市发行的权力"上缴"，采用指标配额的形式发往各省市自治区和各部委，而地方和各部委又大多是把这些指标发给了国有企业。那么效果如何呢？如同给病重之人进补，主要症结、病根不除如何获得康复？！邹节明深谙此理，"一旦上市，我们就只能往这个方向走，没有退路了"。

还有一点，邹节明和王许飞都看得很清楚："从资本运作的角度，上市的第一目的是融资，第二是搭建一个融资的平台，做强做大，再发展再融资。1250万股那个时候规定只能卖4元一股，也就是5000万，以我们当时的效益和规模，要想去银行贷款5000万很容易，贷1个亿也可以。如果我们第一个目的都没有达到，再往前走，受的制约有多大？我们不得而知。那么是不是先暂时停下来，考虑怎么开发内部的动力呢？当时董事长考虑最多的是这个问题。所以我们在内部讨论的时候就形成了一致的意见：停下来，不要争取这1250万的上市指标，让给那些需要资金的企业。说实话当时做出这个决定我们面临的压力很大，广西壮族自治区政府、桂林市政府都说别的企业争着要上市，为什么你们不争取？而董事长没有犹豫，坚持我们的决定：停下来，暂不上市。"王许飞说，也正是这件事让他再次看到邹节明作为董事长在企业发展方向的选择上的至关重要的作用，他也由此对企业的未来更加充满信心。"1993年前后，政府鼓励企业上市，企业也请了中介机构准备了一个月，花了60多万，但最后关头，邹董经过反复权衡还是放弃了这次机会，原因是他觉得我们当时还不具备上市条件，一是项目准备不足，二是机制准备不够，国有企业大锅饭、铁饭碗的弊端仍存在，机制不活，企业内部缺乏动力、活力，三是当时政企不分，公司现代企业制度还无基础。如果也像当时某些企业跟风，包装包装上市圈了钱回来，也只是得到短时输血，企业仍然不能活起来。此时上市不能解决企业主要问题，所以放弃了。邹董的思路得到公司一致认同，决定此时不上市，得到了政府同意。"王许飞作为邹节明的搭档，他与邹节明共事多年，与邹节明一起共同经历了创业路上的风风雨雨，共同品味了创业的艰辛。他说："从学术这个层面看，他是一个学者；而从另一方面看，他转型成企业经营者后，在企业经营管理上也做得很漂亮。他突出的风格是严谨、稳健、细致、谦虚。他一辈子只做了一件事，那就是成就了这个企业。"

王许飞的评价客观理性，作为合作者，王许飞最了解邹节明，他们虽然性格迥异，但互为补充，配合默契，一起合作了三十多年。

1994年3月，以桂林中药厂为基础改组成的拥有32种独家生产的名优特中成药产品、四个子公司、四个分厂、中药制药为主体、相关产业为辅的多元化经营的企业集团——桂林三金药业集团成立。象征着"金色的生命、金色的财富、金色的希望"的郁金花作为三金集团的标志，让所有的员工都深深体味到了自尊、自豪与尊严。

"企业发展到1994年的时候，市场竞争加剧，我们感觉到需要有一个一业为主的多元经济（经营模式），增加企业抗风险的能力，这样我们就组建了三金集团。我们当时提出，企业每隔三五年要做一个深刻的反省，要总结在这三五年当中做得好的地方，继续发扬，检讨不足的地方，确定后面的发展思路，规划未来的发展，因为不反省、不总结就不能适应后面的发展。"邹节明如是说。

此时的邹节明，把自我的反省与企业的反省联系在一起。

国有企业改革选择什么样的模式？上市的工作停了下来，但邹节明的思考并没有停止："这个时候我们要分析，三金这样一个企业，再往前发展，如果有问题在哪里。我们的员工在国有企业里是很优秀的，当时桂林市提出工业学三金，学银海（一个纺织集团），可见我们的员工和企业很优秀是有公论的。但我们再往前走的时候感到很吃力，原因在哪个地方？你说差钱吗？我们当时银行的信誉很好，跟银行贷款根本没有问题，我不缺资金。那么差国外市场？如果有人能打开国外市场我就跟他合作。那我现在最差的是什么，发展到一定高度再要往上发展的话，这个大锅饭铁饭碗就成为制约企业发展的主要因素，这个症结没有得到解决，我们说我们是国家的主人就是一句空话。"

二十世纪九十年代的中国，令海外投资者感到好奇，他们觉得在中国这片神奇的土地上，市场经济虽然有着诸多的不确定性，但她充满生机，魅力无穷，机会无处不在。三金的发展也吸引了境外许多对中国经济充满好奇和信心的人，他们纷纷前来找邹节明探讨合作，最早找到邹节明谈合作的是我国香港一家医药销售商，后来，又来了美国和澳大利亚的药企。邹节明说："合资就应该优势互补，实现双赢，可你们来跟我合资不过就是给我一点钱而已。我现在产品很好卖，在市场上有销路，是个赚钱的单位，你投了钱以后可以参加股份分红，是稳赚的，可是我现在不差钱，你如果在国外给我打开一个市场，或者提供一个新的技术进来，那我跟你合资，你如果不能提供新技术，不能开拓国外市场，中成药进不去国外主流市场，国外不承认它是药品，始终在国内和国外华人市场这个区域里卖，发展是有限的。不进入国外主流市场的话就不会有好的效益。如果在这方面你帮不了我的忙，那我为什么要与你合资呢？"邹节明的思考理性而深刻，许多优秀的国企因为与外资合资失去已经获得市场认可的品牌让邹节明心中惋惜不已，他要保护辛苦打拼换来的成果，任何人都没有权利肆意处置他与他的员工们兢兢业业打造的金字招牌。三金是大家的，金色的希望绝不转让！他想："如果职工都成为企业的股东的话，干起来是不是就不同了呢。"

"眼睛盯着昨天是懦弱，盯着今天是平庸，立足今天，着眼明天才是现代企业经营者、现代企业的胸襟。"这是邹节明的名言。常年研读《本草纲目》《黄帝内经》《神农本草经》《伤寒论》与《千金方》的他，深谙为人把脉与为企业把脉相通的地方。虽然企业获得了长足的发展，但邹节明仍然决定停止上市的工作，继续加快技术创新的步伐，寻找有利于搞活三金的最佳时机和最好的改革方案。

1997年，中国的经济体制改革进入一个新阶段，1月17日，江泽民同十五大报告起草小组成员做第二次谈话，着重讲了有关经济体制改革的十个问题。江泽民说：公有制为主体、多种所有制经济共同发展，是我国社会主义初级阶段的一项基本经济制度。这项制度需要通过改革不断完善和发展，这是经济体制改革的一项重大任务，任何情况下也不能动摇。江泽民指出：在坚持公有制为主体的前提下，一切符合"三个有利于"的所有制形式都可以而且应该用来为社会主义服务。公有制经济要寻找能够极大促进生产力发展的实现形式。股份制是现代企业的一种资本组织形式，资本主义可以用，社会主义同样可以用。

邹节明从总书记的讲话中感受到一股暖意,他预感到,他想要的"员工成为企业真正主人"的时机即将来临。

2月19日,中国改革开放的总设计师邓小平同志在北京病逝,享年93岁,举国上下,沉浸在悲痛之中。然而一切又都如常进行,邓小平开启了中国改革开放让人民富裕起来的新时代,每一个中国人都不会忘怀,沿着邓小平开辟的改革开放中国特色的社会主义道路走下去,是万众一心的誓言。

1997年7月1日零时,中华人民共和国国旗和中华人民共和国香港特别行政区区旗在香港升起。零时4分,中华人民共和国主席江泽民庄严宣告:根据中英关于香港问题的联合声明,两国政府如期举行了香港交接仪式,宣告中国对香港恢复行使主权。中华人民共和国香港特别行政区正式成立。一直在电视前观看交接仪式的邹节明,望着维多利亚广场上迎风飘扬的国旗,心中思绪万千,父辈们经历过的苦难岁月永远过去了,中国正在走向富强,中华崛起,这是所有炎黄子孙的梦想,也是邹节明的梦想,他为自己能够生活在这样一个伟大的时代备感幸运。

1997年邹节明获得"全国优秀企业家"荣誉称号及"金球奖"。而此时的邹节明对于优秀企业家称号,有着他自己的理解,他认为,作为一名优秀的企业家他首先应该是个有担当的人。

1997年9月12日,中国共产党第十五次代表大会召开,十五大报告指出:公有制为主体,多种所有制经济共同发展,是我国社会主义初级阶段的一项基本经济制度。在坚持公有制为主体的前提下,一切符合"三个有利于"的所有制形式都可以而且应该用来为社会主义服务。公有制经济要寻找能够极大促进生产发展的实现形式,股份制是现代企业的一种资本组织形式,资本主义可以用,社会主义同样可以用。邹节明对此感受多多。十五大报告中有一段话让邹节明茅塞顿开，这段话就是：目前城乡大量出现的多种多样的股份合作制经济，是改革中的新事物，要支持和引导，不断总结经验，使之逐步完善。劳动者的劳动联合和劳动者的资本联合为主的集体经济，尤其要提倡和鼓励。

至此，邹节明坚定了决心：桂林三金药业集团要乘着十五大东风，进行股份合作制改革。

那时候，股份合作制作为中国经济改革的新生事物，关于谁是改革开放后第一家股份合作制企业有多个版本。普遍认为1984年7月25日是中国第一家股份合作制企业成立的日子，原因是1984年7月25日，北京天桥百货股份有限公司成立。要知道，天桥百货是1953年成立的全民所有制企业，80年代中后期，国有企业举步维艰，股份合作制改造被看作是拯救国有企业的良方，天桥百货作为首都北京的一家老字号百货公司，迈出了股份合作制改造的第一步，因而被普遍认为是中国第一家股份合作制企业。而当时改革开放的前沿深圳特区，于1986年成立的深圳发展银行，用"原始股神话"推动了中国企业股份合作制改革的大规模进行。一时间，全国各大省市企业股份合作制改革成为当地政府努力推动的重要政绩，而股份合作制的内涵却众说纷纭，理论和实践都处于边做边摸索阶段。

有专家说股份合作制改革有以下几个方面的内容：一是建立规范的公司治理结构。改革的目的就是按照现代企业制度的要求，明确产权，塑造真正的市场竞争主体，以适应市场经济的要求。通过对企业的股份制改造，可以实现投资主体的多元化、产权关系的明晰化、管理的科学化、决策的民主化。企业的股东大会、董事会、监事会、总经理等分权与制衡运行架构，将公司直接置于市场的竞争与监督之中，使企业的经营状况能迅速透明地反映出来，企业的价值时刻显现在公众面前，要求企业不断增强竞争意识、建立激励机制、提高管理水平，促进发展。二是筹集资金。社会化大生产的发展，企业需在更广泛的社会范围内筹集资金，以便满足企业不断扩大再生产的需求。现社会上企业的三种形态中，独资企业、合伙企业和公司制企业，只有股份有限公司能通过发行股票，在较短的时间内把分散在社会上的闲散资金集中起来，投入到生产经营中去，从而增强企业的发展实力。三是优化资源配置。通过股份制改造，能使企业产权有明确的归属，便于资产在全社会范围内流动，为调整产业结构提供良好的条件，有利于突破部门、地区和所有制的界限，协调各方利益，综合利用各部门、地区的投资能力，优化资源配置，推动企业的专业化发展和联合，调整不合理的产业结构。四是确立法人财产权。规范的公司能够有效地实现出资者所有权与企业法人财产权的分离。改造后的股份有限公司拥有包括各出资者投资的各种财产而形成的法人财产权。公司法人财产的独立性是公司参与市场竞争的首要条件，是公司作为独立民事主体存在的基础，也是公司作为市场生存和发展的必要条件。过去的计划经济体制下，国有企业是国家行政机关的附属物，企业安排生产不是依据市场，而是听命于上级主管部门。原来国有经济体制的主要弊端之一，就是政企职责不分，所有权和经营权混淆。政府有关部门对企业的干预和管理过多，妨碍了企业实现自主经营。国有企业实行股份制改革，出现了股东群体，有利于切断企业与行政部门的隶属关系。国家有关部门依据出资额的大小，只行使出资者的权利，承担出资者的责任，而不直接干涉企业的生产经营活动。（选自百度词条与问答。）

邹节明搜集各种资料，反复研究，听取各方意见。邹节明认同以下观点：明晰产权是股份制改造的前提，只有明确财产权利主体及利益分配机制，才能调动各经济主体对资产投入及增值的积极性。股份合作制就是要减少国有持股，尽可能地实现股权多元。

然而就在此时，有人开始质疑股份合作制改革到底是姓"社"还是姓"资"。改革的具体措施上升到意识形态层面就需要认真对待了。

这时候的邹节明没有选择后退，而是再一次研读了党的十五大精神，他再次重温了江泽民同志的话：股份制是现代企业的一种资本组织形式，资本主义可以用，社会主义同样可以用。

邹节明找到了答案。他迅速起草了股份制改革方案并与企业高管们进行反复研讨和论证。尔后，邹节明将股份制改革方案告知每一位员工，交由职工代表大会讨论。

后来，邹节明回忆说："我们要把集团全部国有企业的资产卖给企业职工，当时政府有人主张留一部分。我坚决不同意，因为那时候政企不分，哪怕是留10%国有股，虽然股份不多，但代表政府，权力太大。我想，现在企业小，股份卖给职工，等以后企业发展起来了，现代企业制度规范了，我们再欢迎国有股在内的其他股东进来，到了那个时候我们与国有的关系就是股份与股份的关系，是股东与股东的关系，而不是领导与被领导的关系。"

了解了邹节明的方案，桂林市一位分管领导特别来找王许飞谈，希望保留少量国有股份。王许飞觉得上级领导对三金的股份制改革一直很支持，不好意思一下子拒绝，于是向邹节明请示。邹节明说："这样吧，我们考虑考虑再说。"

邹节明回到办公室，逐字逐句地通读了十五大报告，其中谈了两点，一是股份制是姓公还是姓私，如果是公有制控股那就姓公。另一点就是说股份合作制是近年来在群众当中涌现的非常好的模式，并指出："公有制

# 第九章 三金传奇

实现形式可以而且应当多样化。一切反映社会化生产规律的经营方式和组织形式都可以大胆利用。要努力寻找能够极大促进生产力发展的公有制实现形式。股份制是现代企业的一种资本组织形式，有利于所有权和经营权的分离，有利于提高企业和资本的运作效率，资本主义可以用，社会主义也可以用。不能笼统地说股份制是公有还是私有，关键看控股权掌握在谁手中。国家和集体控股，具有明显的公有性，有利于扩大公有资本的支配范围，增强公有制的主体作用。目前城乡大量出现的多种多样的股份合作制经济，是改革中的新事物，要支持和引导，不断总结经验，使之逐步完善。劳动者的劳动联合和劳动者的资本联合为主的集体经济，尤其要提倡和鼓励。"这一段话，邹节明研读再三，心中有了底气。于是，邹节明就以十五大精神为依据，回复市委市政府，他希望三金的股份合作制是三金所有员工资本联合的集体经济，他不同意保留国有股份。他主动向市领导汇报，诚恳陈述自己的观点。

市领导认真听取了邹节明的意见后，同意了邹节明的方案并指示相关部门全面启动对三金的改制，首先开始资产调查和评估程序。

邹节明心中充满感激，他立即通知财务部，全面配合由政府聘请的审计部门到三金进行资产调查和评估，他对三金财务部门说，市审计部门的观点跟我们不同时可以反映，但最后以他们坚持的为准。不要因为一点小钱争来争去。此时的邹节明心思缜密，小心谨慎，他说："我不想自己搞评估，坚持依法合规评估，是因为我不想留下后遗症。"

邹节明的目的很明确，他要的是这个机制，不是钱。邹节明说，我们要背水一战，激励员工积极性。三金员工尽管表现优秀，但毕竟还有依赖心理。于是邹节明与集团班子成员进行了研讨，决定要一次性按规定把购股资金付给政府。

邹节明仔细调查分析预测了三金内部职工这些年的实际收入情况，建议将职工全部积蓄掏出来，甚至有些还要向亲朋好友去借。邹节明说，没有压力就没有动力，没有动力就没有活力，让全体员工背水一战，要将职工改制的活力激发出来，促进三金发展。

邹节明要求，大家一律不许向银行疏通关系，我们当领导的带头，自己想办法，不向银行借钱。当时市政府有优惠政策，职工可交2%的资金占用费，可缓交购股资金1-2年，集团班子研究决定不用这一政策，仍按规定一次性交付给政府，一次性整体买断。

就这样，一个多月，三金员工购买企业股份的钱全部收齐，一次交给了政府。桂林市政府非常高兴，决定拿这些钱去支持其他的国有企业改制。

此后，2009年公司上市路演时，虽然有媒体质疑公司此前（1998年）股份合作制改造时员工借企业资金买股违规，但经广西证监局、广西壮族自治区政府以及桂林市人民政府核实，证明桂林三金当年（1998年）股份合作制改造依法合规。

邹节明接手桂林中药厂的时候固定资产只有两百多万，1998年改制上交市政府的股金翻了四十多倍，回报率是改制前桂林市政府没有预计到的。面对这样的结果，市长书记的喜悦之情，也是溢于言表。而邹节明，深深地松了一口气："就这样一下子，搞得清清楚楚。"

当年市政府对三金股份合作制改造，对员工的股份分配有明确规定。按这一规定，鉴于邹节明在公司经营管理及他在科技方面的突出贡献，规定配给邹节明的股份不得低于10%，而对其他进行股份合作制改制企业的总经理分配股份不得超过8%。以市政府这一规定与职工意见，邹节明可获得高于10%的股份分配，但邹节明在内部讨论中说：我就是想有一个好

# 第九章

的机制，让员工都参股，把企业搞得更好，给我的股份不超过10%就得了。按市政府规定，公司员工股份进行了合理分配，得到了公司职工代表大会通过，并获市政府批准。

按市政府意见与当年职工代表大会通过的，中层以上干部持股不低于50%，这个规定是对的。因为企业的经营骨干，特别是领头人的思维对企业发展起着很重要的作用，需要决策时如果投票通不过，那好事就失去了成功机会。

1998年1月1日，桂林三金药业集团宣布改制，国有退出，实行全员持股的股份合作制。"没有了退路，大家把所有的积蓄全部掏了出来，拧成一股绳往前走，把国有资产全部买下来，当年出现了百分之四十到五十的增长，光是节流就有上千万元。"王许飞回忆起当年改制的情形，感慨万分。

"上市这一事停下来后，我们曾多次讨论论证全员持股的股份合作制。因为光是领导班子有这个共识还不行，员工是不是也这样想呢？股份是要拿真金白银来买的，当时大家的积蓄也不是太多，不是自己家里能承担的，肯定还要向外借钱，一是借不容易，二是借来以后压力很大，担心还不还得起。所以职工讨论很激烈的，讨论了很多次。"邹节明先是逐个跟干部谈他对企业的规划与发展理念，再让干部去做员工的工作。

1998年1月15日，桂林三金药业集团公司第五届职工代表大会第九次会议召开，会议审议、批准《桂林三金药业集团公司改制委员会》、《桂林三金药业集团公司改制为股份合作制企业关于员工出资购买股权的方案（草案）》等文件。改制委员会由邹节明、邓君翰、王许飞、贾桂珍、李荣群、李邦清六人组成，委员会选举邹节明任主任，贾桂珍、王许飞任副主任。在职工大会上，邹节明将公司管理层经过充分分析与研究认为公司进行股份合作制改造是三金当时改制的最佳选择这一结论告知全体员工，并着重论述了改制是三金发展中的必经阶段或过渡阶段，很快这一观点得到了公司一致认同。

邹节明说，公司进行股份合作制改制的主要原因有五点：一是企业发展后劲不足，缺乏动力与活力。企业从1985年至1997年，经济指标以每年40%左右的复合增长速度增长，取得了持续13年持续、快速、健康增长，往后要继续再保持高速增长有诸多困难，在众多因素中，最主要、最为突出的因素是企业员工的积极性与活力，而并非资金或技术或市场；二是三金属于竞争性行业，是一个竞争性的小企业，属于国家抓大放小企业改制政策范围；三是政企不分，企业内部吃大锅饭、端铁饭碗等平均主义的国企弊端依然存在；四是市场竞争日趋激烈，国外资本、国外医药企业参与国内医药市场竞争，抢夺市场；五是企业应针对企业实际，因企制宜，实施一企一策，不跟风。

为了进一步说明股份合作制改制是当时唯一正确的选择，邹节明还特别就"为什么未选择与外商合资合营模式"进行了说明。邹节明说：与外商合资合营就应该优势互补，能取得双赢。可外商来跟我合资不过就是给我们一点钱而已，可我们当时不差钱，我们的产品也很好卖，在市场上有销路，是个赚钱的单位。除非是外商在国外能给我们打开一个市场，或者提供一个新的技术进来，那就可以谈合资。如果外商不能提供新技术，不能开拓国外市场（中成药进不去国外主流市场，国外不承认它是药品，始终在国内和国外华人市场这个区域里卖，发展是有限的）那就没有合资的必要了。

那么，当时为什么没有选择上市模式呢？这也是后来媒体提问较多的问题。在一个飞速发展的时代又面临进入新世纪的喜悦，三金为什么不抓住这一机遇直接上市腾飞呢？然而，这不是邹节明的风格，也不符合三金药业的发展轨迹。做实业需要一种精神，这种精神是需要时间磨砺、耐得住寂寞的。

三月，邹节明被推选为第九届全国人大代表到北京开会，他的提案是《加强中药材资源保护与合理开发利用，促进中药产业现代化》，在人代会上，他听到和看到的一切都让他更加明确了自己身上所担负的使命，从而也更坚定了他将改革进行下去的决心。

会议结束，邹节明从北京回到桂林，他的思考更为成熟逻辑更加清晰，他将自己的思考综合起来，再一次明确告诉大家：1998年的三金药业，有五个因素制约其上市：一是企业发展后劲不足，缺乏动力与活力，企业发展突出的、最主要的是企业内部员工的积极性。企业从1985年至1997年，持续十三年企业经济指标复合性以每年增长40%以上的速度，取得了十三年持续、快速、健康增长，往后面要继续再保持高速增长有诸多困难，在众多因素中，最主要、最为突出的因素是企业员工的积极性与活力，而并非资或技术或市场。二是上市融资项目未准备好，条件尚未具备。三是企业管理基础尚不具备。四是政企不分的社会环境尚存，现代企业制度尚无基础。五是企业内部机制不活，企业内部存在吃大锅饭，分配上的平均主义，用人制度尚未解决。

邹节明阐述清楚了，员工的思想通了，然而，社会舆论的压力又来了。因为在广西桂林，搞股份合作制改革的国企桂林三金药业集团是第一家。然而，1998年，国企改制是中国经济改革浪潮中的潮头，中央倡导，各级政府支持。所以桂林三金药业集团这一动，首先得到了当时桂林市体制改革委员会的大力支持，后来又得到了桂林市委、市政府的大力支持，最后得到了广西壮族自治区人民政府以及国资委、财政厅的批复。

与政府的支持同步，不同的声音也相继传来，说："三金这么好一个企业怎么卖了？"由于当时广西壮族自治区政府和桂林市都把三金作为一个试点来推，桂林市政府的文件说明了三金为什么改成股份合作制，详细规定了三金如何评估、如何作价，一分钱不少，所以社会上的疑问也就很快化解了。

国务院政策研究室的几位同志与领导来三金调研，在详细了解了三金的改制后，他们指出："第一，三金目前用股份合作制这种模式是对的；第二，股份合作制符合党中央十五大定的调；第三，股份合作制应该是过渡阶段，最终还是要走向公司法的现代企业制度轨道上。"当时国家的改革思路是"抓大放小"，关系重大国计民生的大企业国家抓，三金当时效益虽好，但仍然是处在竞争性行业的小企业，这类竞争性强的小企业众多，面对竞争日趋激烈的国内外市场，如果不放开很难得到更快更大发展，甚至难以生存。当年三金股份合作制改造，依法合规卖给员工劳动者，改制后，效益翻番，给国家和地方的贡献大增，实际上也是有利于国家和地方的，员工生产经营发展积极性明显高涨，事实证明三金的股份合作制改造是成功的，用业绩回答了社会上的各种疑问。

尽管各方面有压力，但既然桂林市委批准了，邹节明就没有想过退缩，他义无反顾，决心认认真真地做好一个领头羊该做的事。他要求班子成员严谨规范地朝前走，降低走弯路的概率。

回忆走过的改制之路，王许飞再一次感慨道："也就是因为这么规范，所以到后面我们上市，前面所有的经营资料和财务报表才能经得起检查和审计。"

2月18日，桂林三金药业集团公司体改办经过两个多月的努力，完成了股权分配工作。

# 第九章 三金传奇

1998年5月12日上午，三金历史上重要的一刻正式开启。在桂林市榕湖饭店九岗岭会议厅里，三金集团举行了股份合作制创立仪式，宣布完成股份合作制改革，桂林三金药业集团公司正式改制为股份合作制企业。

主席台上，在座的各级领导个个喜气洋洋，如沐春风，邹节明却一如既往安静地微笑。此时此刻，邹节明的心中思绪万千，从今往后，他要把劳动的价值和荣誉交给三金全体员工，同时，他也要与三金全体员工一道共担困难与风险。三金不再是政府怀抱里哭一哭就有奶吃的宁馨儿，她长大了，要经历市场经济的风雨才能变得强大。与此同时，邹节明的脑海里，中医药现代化之梦也渐渐清晰起来。

尽管股份合作制改造过程历经曲折，但最终还是得以完成。为配合改制后企业的发展需要，三金集团将原来的六部一室一所调整为六部一司（生产部、技术部、质量企管部、财务部、集团办、政工部、营销公司），至此，桂林三金药业集团公司成为桂林市首家由国有企业改制为股份合作制的企业。

职工持股组建股份合作制企业，将员工的利益与企业的命运紧紧联系在一起，使员工真正成为三金的主人，从根本上激发三金的活力，是三金改制的最佳选择。尽管市场不景气，但改制当年桂林三金就实现了总产值4.35亿元，利税1.13亿元，分别比上年增长34.55%和43.71%。

天道酬勤，三金改制后，三年交给国家的新税收，都翻了一番。这是三金的第四次腾飞，三金开始书写时代传奇。

股份合作制改制完成后，许多企业来桂林三金取经，而邹节明深知这只是一个开始，他告诫三金员工，距离真正的现代化企业，三金还有很多事情要做。

三金改制三年后，邹节明提出要继续完善规范三金，按照公司法，将三金建设成为名副其实的现代企业。当时三金全名是：桂林三金药业集团公司，集团公司到底是有限公司还是股份公司，从公司法的角度，没有集团公司的称谓，要么是集团有限公司或者集团股份公司，集团公司本身就不规范；从集团角度也不规范，当时国家规定集团旗下要有5个子公司，集团注册资金5000万以上，整个集团注册资金1亿以上，当时三金都达不到。对此，邹节明提出：三金要按照有限责任公司把整个集团的构建进行规范，按公司法对有限公司的要求进行规范。他说："今后我们要做股份公司，为上市做准备。"

1999年桂林西瓜霜系列产品实现产值3.12亿元，利税7000万元。

2000年3月，新世纪来临的第一个春天，人们满怀希望与憧憬，邹节明说，三金集团在新世纪的目标就是瞄准国际市场。他对采访他的媒体记者说："中国进入WTO是大势所趋，封闭只会保护落后。虽然中国入世对民族工业有较大的冲击和挑战，但同时也蕴藏着巨大的商机。被称为国药的中药，曾有过几千年的辉煌，但近年来，在国际汉方药市场上，占据80%份额的却是日本。反躬自省，我们中药业如不实现现代化走出国门去抢占市场，就必然走向衰落。"此时的邹节明是国务院首批受表彰和享受政府特殊津贴的有突出贡献的中医药专家，全国"五一"劳动奖章获得者，九届全国人大代表，国家卫生部药典委员会委员，中国中医药工作专家咨询委员会委员，他的话在业界引起关注，很快，"中药现代化是中药产业走出国门的必经之路"成为中国医药产业的共识。

2000年，三金一次性通过国家GMP认证和澳大利亚GMP认证，"三金"商标被认定为中国驰名商标。

三金片、桂林西瓜霜系列产品稳占全国30个省份的中成药市场，邹节明颇具前瞻性和"三金"特色的"四维梯队科技开发战略"功不可没。

## 第九章 三金传奇

为了提高现代中药制剂的开发起点，三金每年将销售收入的5%作为科技开发的专项经费，并新建了1500平方米的技术中心，引进了国内一流的先进测试仪器，装备了国内一流的中试车间。对于被市场认可的产品，则不断注入新的科技含量，促使其更新换代，增加新品种。在产品投放市场后，每隔2到3年就要与市场新进的同类产品进行疗效对照验证，寻求提高产品品质与竞争力的办法，使产品在保持好的质量信誉的前提下，一直维持着比较低的市场价位，以适应市场竞争需要。

2001年4月6日桂林三金药业集团公司正式更名为桂林三金药业集团有限责任公司，确立了法人与自然人出资的有限责任公司体制。后于2001年12月27日企业名称变更为桂林三金药业股份有限公司。

2001年，三金集团完成销售收入6.8亿元，利税1.8亿元，跻身中国中成药企业前十名、广西医药行业第一名。此后，桂林三金年年捷报频传，至2008年，三金创下了持续20多年以30%以上的年均速度平稳快速发展的经营奇迹。

股份合作制的改造，是三金发展的一个必经阶段，也是一个过渡阶段，为三金上市、建立现代企业制度奠定了基础。邹节明所带领的三金从此一直往前走，朝着上市的目标挺进。

企业的日子越来越红火，一些当初调走的人有说不出的后悔，有人希望再回来工作。邹节明当即回应说，只要是真心实意愿为"三金"以后的发展做贡献的，就欢迎他回来。

三金改制之后，广西也有企业陆续改制，无论是广西壮族自治区政府还是桂林市政府，他们的表态都非常谨慎，后来桂林市改制的文件都是根据三金改制的内容来修正完善的。

改制后的三金获得了长足的发展，完成了企业的第四次腾飞，也就是

"三金人"常说的第四次跳。而邹节明却反复告诫员工,要低调再低调。三金时任副总王许飞说:"他这人就是任何时候,不管是困难的时候还是现在,都要强调一点,就是永远保持低调!再富再好都要居安思危、勤俭节约、艰苦奋斗。那个时候有钱了,全市私人买车有的是我们的员工,但绝对不是我们领导。"

# 第十章
# 天高任鸟飞

> 夫以利济存心,则其学业必能日造乎高明,
> 若仅为衣食计,则其知识自必终囿于庸俗。
>
> ——清·叶桂《临证指南医案·华序》

1999年2月的一天,三金集团政工部副部长汤一锋接到集团通知,由他兼任集团董事会办公室秘书。

当主管人事工作的贾桂珍副书记将集团决定通知汤一锋的时候,汤一锋有点不相信自己的耳朵,他怀疑自己听错了或者是集团搞错了。虽然他一直视邹工为他们小知识分子的头儿,对邹工充满敬佩,但他们的交往并不比其他同是学校毕业早到中药厂一两年的年轻人多。然而这不是汤一锋第一次感到吃惊。学校毕业来到三金,汤一锋一开始是在车间做技术员,很快,他被提拔为车间的技术副主任。后来,1997年又被调到科室,做政工部副部长,尽管之前经历过一系列岗位变动,但他还是没有想到,老板会安排他兼做董事会办公室秘书。这个时候,汤一锋思

来想去，忽然恍然大悟："老板用人，就是不拘一格啊！这是在给年轻人机会呢，哪里是自己了不得呀！"想到这里，汤一锋有些惭愧。在汤一锋的心里，当时无论是制药技术方面还是制药设备方面，邹节明都是老大，是他们这些小知识分子的标杆。

年轻人对新事物的感知往往比老员工敏感。其实邹节明选择汤一锋兼做董事会办公室秘书并没有那么多的考虑，他只是想历练一下这个年轻人。

兼任董事会办公室秘书之后，汤一锋充分理解了邹节明停下上市脚步进行股份合作制改革的决策。"董事长做这个决定有他的考虑。我们当时确实也没有合适的项目，董事长说要做个有良心的企业，不能把资金募集来闲置在那里。1998年，中央鼓励国有企业抓大放小，鼓励股份合作制，就是资本与劳务相结合新型的企业形式，值得大力推广。董事长觉得把员工的干劲与企业的前途联系在一起，对企业的发展更有利，所以选择了股份合作制，这种形式现在回头来看也是对的。"

与此同时，汤一锋感到许多知识都要学。"不学不行，老板对你有要求。所以有压力推动着我不断学习。"除了公司组织的相关培训，汤一锋按照邹节明的指点带着问题去参加培训，几年里，他先后去邯郸、武汉等地参加培训多次。

邹节明严谨务实，追求完美，这一点，汤一锋也体会深刻："比如要购并，董事长都要求我做三个方案对比。包括子公司人选、股份制改造架构、子公司是多少比例，都要拿出三个方案来选择比较。"

后来成长为三金生物公司老总的汤一锋回忆起那些年做董事会办公室秘书的日子，心中充满感激："我觉得如果不是老板来推动我，我自己都不敢相信我今后的发展是这样的。"

# 第十章
## 天高任鸟飞

汤一锋认为在学校学习的东西更多的是方法，是一种学习能力，而一到三金，邹节明让他下车间，让他真正领会了书本与实践的结合。半年后，邹节明让汤一锋带实习生，他又觉得从别人的身上观察自己真是一件有趣的事情。"实习生问的问题总会让我忍俊不禁。比如学生考试会去背5号筛网是多少目。其实这些资料一查不就可以了？但是学校老师会要求你背，而在车间只要知道直径多少就可以知道筛网多少目。以前，邹董住在厂区宿舍，下班后有空经常去车间转悠，我在车间当工艺技术员的时候，晚上没事经常会去找管设备的同事研讨问题，所以常常能碰见邹董，他碰到我们也会问我们在干吗，并经常提点我们：作为车间技术人员，你最大的核心能力就是解决生产中存在的问题。他的这个观点真的让我受益良多。要知道，在车间里面通常不容易出科研成果，更多的是解决具体问题。比如压片不好压，硬度不够，你去现场就要具体分析解决，是因为制粒颗粒太粗了，还是润滑剂不够，还是压片机转速太快了？你作为技术人员，既要学车间工人师傅的经验，又要把自己的理论知识运用起来，这就是我们解决工艺生产中的能力，这一点，邹董就很务实。"

在汤一锋看来，邹节明除了务实，还有一点最打动他，那就是"八十年代，人们非常有奉献精神"。"下班了，仍然在琢磨工作。现在年轻人的敬业精神和奉献精神，可能真的和过去没法比。邹董以前晚上都是两三点钟睡觉，我知道这一点，是因为我以前在提取车间要三班倒，值中班的时候，一般晚上十二点下班，但经常因为解决问题拖班到凌晨一点多，下班回家经过他家楼下，看到他家的灯都是亮的。这么一代人都是这样奉献的，他作为董事长，要付出得更多。"

学习让人明志，做董事会办公室秘书的那几年也是汤一锋的学习年，在学习业务的过程中汤一锋也获得了许多做人的道理。"夫以利济存心，则其学业必能日造乎高明,若仅为衣食计,则其知识自必终囿于庸俗。"中国的知识分子在精神追求方面始终是以脱离低级趣味为初级追求,以济天下为崇高理想。视野决定格局,格局决定境界。只有胸怀宽阔,才有"天高任鸟飞"的机缘。在汤一锋的心中,邹节明就是那个要"济天下"的知识分子,这让他由衷佩服,同时他也渐渐明确了自己的奋斗目标。

好的企业不仅能够让员工与企业一同成长,而且能让员工的职业规划与企业的明天紧密相联。

时间还是 1999 年,改制后的三金开启新的用人机制:竞聘上岗。这是三金改制后邹节明的重要改革措施,邹节明要让三金逐步进入现代企业管理制度。令三金人记忆深刻的是:这一次拿来竞聘的职务竟然是公司副总。要知道,从中药厂到三金药业集团,公司的高管都是由政府任命,只有改制后的三金药业集团公司才开了副总竞聘上岗的先河。

消息传开,年轻的业务骨干纷纷跃跃欲试。谢元钢、韦葵葵、王淑霖,三位毕业于广西中医学院的年轻人都报了名,积极参加竞聘,他们要为自己的未来,也为三金的未来搏一回。

谢元钢,自 1982 年进入桂林中药厂做质检员,经历了三金最痛苦的蜕变期。在中药厂濒临倒闭、员工纷纷调离的时候,谢元钢也有过动摇。他看见附近的酒店因为旅游业的兴旺收入颇丰,曾经很认真地问过外资酒店桂山酒店的人事部部长:"我去你们那里做服务员行不行?"而那位部长说:"你不是学这个专业的,来这里也不会安心。"直接拒绝了他。"那时候是真穷啊!"至今想起,谢元钢还是忍不住这样感叹。直到当年那个"人很瘦,很和善"的邹工出来做厂长,中药厂才一天天好起来。

谢元钢说:"当时邹工是分管我们这块工作的副厂长,我一到这个岗位(质检科),他就强调质量不能打折,在大会小会强调不能按以前那样,必须有专职的检验人员，必须支持检验人员的工作。邹董从一开始态度就比较明确，想得也比较明白，所以我的工作开展还挺顺利的。"后来与邹节明接触多了，像许多年轻人一样，谢元钢非常钦佩邹节明，对他的才华、他的思路、他的为人之道都很钦佩。这样的钦佩让谢元钢从此再也没有想过离开三金。再后来，谢元钢从质检科到企管办，又从企管办到销售部任部长，成长迅猛而扎实。到销售部的时候，三金的产品是供不应求的，但当时国有医药企业有个问题，就是按惯例先发货后付款。因为种种拖欠，当时的资金回笼率不到60%，外面的欠账比较多。谢元钢做销售第一年，就开始带人到各地打官司追账，但赢了官司也不一定能拿到钱。有一次到山东催账，官司打赢了，追回的款先被法院挪用扶贫，几经周折才到账。后来，谢元钢觉得老是打官司也不是办法，就去找邹节明探讨，"在邹董的指导下，公司调整政策，允许部分有市场战略意义的国有大型公司先拿货后打款，同时，鼓励款到发货，客户如果先打款，不仅可以得到优先发货，还可以享受四个点的折让。这对客户有着非常大的吸引力，因为我们的货好卖，早拿到货就能早赚到钱。所以，新政策出台后，公司货款回笼率达到90%以上，货好卖的时候客户款到了还要排队一个月才能拿到货"。

这个政策让大家调整了思路，改变了过去欠账较多、不停打官司的状况，也让谢元钢对邹节明的钦佩又增添了几分。桂林市为培养后备干部，组织了一个中青年干部培训班，三金就推荐谢元钢去参加学习，学习班结束后，当时市经委的主任找谢元钢谈话，让他去桂林药厂挂职做销售副厂长，当时的桂林药厂是正处级单位，也是广西制药企业的"老大哥"，以前几任市医药局的局长都是从桂林制药厂厂长任上上去的，这对于一个年轻人来说，无疑是一个上升的好机会，但谢元钢不愿意去，当时的领导就拍桌子说："这次提拔你不去，以后在国有企业永远没有出头之日！"见领导发火了，谢元钢心中也开始忐忑："其实说老实话，当时拒绝上级还是有风险的，我当时只是出于对董事长人格魅力的信任，觉得跟着他干有信心，而他也从没承诺过提拔我。但是，在国有企业里，上级对个人的升迁还是有很大影响的。所以我也找了经委其他领导，想劝这位领导收回成命，很多人也劝我不要顶着干。后来我听说那位领导传话给董事长，像这样的干部连中层干部都不能用。但当时邹董明确表态：我们的中层干部都很敬业，平时工作加班加点从来没问我要过一分加班费。"

在得知公司竞聘副总的消息后，谢元钢几乎毫不犹豫地报了名。他信任邹节明，当然也信任邹节明领导的公司。最终，谢元钢成为三金药业集团公司第一个通过竞聘上岗的副总。那一年，他 38 岁。

回忆起 1999 年的竞聘，谢元钢连具体内容都记得清清楚楚："记得董事长出了三个题目：你过去有什么业绩？上来后打算怎么管理？现在公司各部门存在什么问题？前两个问题还没什么，最后一个问题让我一度有点儿犹豫，差点儿中途放弃，因为我当时觉得你还没竞选上副总，也没说分管什么块面，就要对公司各部门挑刺找问题，问题说狠了，谁投你的票？但后来还是坚持下来了。通过竞聘，我对自己岗位的职责和公司的情况有了更深的了解，竞聘时我仔细琢磨邹董几年前写的公司发展纲要，对他更为钦佩，几年前对公司的发展就有清醒的认识，那么有前瞻性……"

竞聘上岗后的谢元钢副总分管生产，这并不比他竞聘前当销售部长轻松。用他的话说是"每个时期有每个时期的问题，而解决问题还需要新思路"。"董事长经常告诉我们，做公司领导和在一线做领导毕竟职责不一样，管理不一样，像毛主席说的，当领导要会用人才、出主意、拿决策，作为副职还要当好配角，做销售部长，亲自运作多一些，当公司领导，就

## 第十章 天高任鸟飞

要充分调动下级的主观能动性和积极性。"

谢元钢经常参加一些短期的管理培训班，有工信委、企业家协会组织的，也有公司外派的，听一些优秀的企业家演讲。有一年他去联想学习，回来后觉得好，就向董事长邹节明建议请联想的专家到公司给中层上课，结果得到了邹节明大力支持，再一次让谢元钢受到鼓舞。"我觉得跟着董事长干没错，企业一定能干好，而且在企业里干，自己比较开心，虽然当时还不是公司级领导，当时也没有股份，但董事长能调动我们的主观能动性，有机会就会表扬和奖励你，我们当时在销售干得好每年都有重奖，说实在话，在经济上也不错。"谢元钢一再强调：关键时刻选择太重要了，他那时的选择更多的是被老总的人格魅力感召。他说："现在他有了那么多的财富和威望，依然经常告诫我们，不管做什么都要记得山外有山、天外有天。他自己也是这么做的，所以很令人钦佩。"

求新求实，知人善用，是邹节明作为一位实业家带领企业、管理企业的一贯态度。邹节明不拘一格选人才在三金一直是有口皆碑。"三金无庸才，只有不合适的位置和组合"，这是邹节明的用人观；"三金不容忍平庸"，要实行"能上能下，能进能出"的竞争机制，这是邹节明所倡导的用人机制。多名工人通过公开竞岗走上管理岗位，也有干部不适应岗位要求，竞聘不成功就下去当工人的。谢元钢当初是抱着试试看的态度参与竞争，最后他凭借实力竞聘成功，38岁成为三金第一个通过竞聘上岗成功的副总，这在三金的发展史上也是不同凡响的创新。此后，三金所有管理岗位如营销公司经理、副总经理、片区经理等也都是靠竞争走上领导岗位。用人制度的改革为三金的发展扫除了人为障碍，注入了新鲜活力，企业的人才流动进入良性循环，为三金步入中国医药现代企业打下了坚实基础。

天高任鸟飞，三金的年轻人从这项用人制度改革中获得了信心和勇气,获得了成长的动力。一时间,学习深造、钻研业务、拓展市场在三金蔚然成风。一个企业的发展,还有什么比年轻人心中的希望更具推动力呢?三金朝气蓬勃朝前走,向着立于改革潮头的中医药现代企业迈进,邹节明的心中春意盎然。一个出生在湘楚大地的知识分子,每年端午都会随父老乡亲凭吊诗人屈原,屈原满怀抱负却得不到楚怀王的理解信任最终投江而死,成为中国知识分子的典范,这个故事伴随着邹节明的成长。"路漫漫其修远兮,吾将上下而求索。"这熟记于心的句子也是那些年邹节明学无用武之地时在心中默念的励志名言。他感恩改革开放给他带来了"天高任鸟飞"的自由与喜悦。如今,他也要不拘一格选人才,唯才是举,着力打造"天高任鸟飞"的三金,为年轻人的成长提供制度保障,为企业的发展注入永续动力。而那些竞聘上岗的年轻人也没有辜负邹节明的一片苦心,他们在各自的岗位上不断成长,很快成为企业的中坚力量,为三金继续高速度稳健发展做出了不小的贡献。

# 第十一章
# 上市风波

> 胆欲大而心欲小,智欲圆而行欲方。
>
> ——后晋·张昭远《旧唐书·孙思邈传》

时间进入 2001 年,中国经济继续保持高速发展的势头,我国与世贸组织的谈判也进入了最后阶段。2001 年 9 月 17 日,世贸组织中国工作组第 18 次会议举行正式会议,通过了中国入世的所有法律文件,同时也完成了世贸组织中国工作组的全部工作。2001 年 11 月 10 日,在多哈举行的世贸组织第四次部长级会议上,世贸组织审议并批准了中国加入世贸组织,中国随即递交了全国人大常委会批准中国加入世贸组织议定书的通知书。按照世贸组织的规则,一个月后,2001 年 12 月 11 日,中国正式成为世贸组织成员。

就在中国正式成为世贸组织成员后 17 天,也就是 2001 年 12 月 28 日,桂林三金药业股份有限公司和桂林三金药业集团股份有限公司注册完成,邹节明在与时间赛跑,节奏之快令其他药企望尘莫及。彼时,已从董事会办公室秘书岗位上离开的汤一锋不无敬佩地说:"可见,老板对公司的发展有完整的思路。"

股份合作制后,打破了员工分配上的大锅饭,员工成了公司股东,解决了内生动力机制问题,激发了员工很大的动力,三金的发展超过了历史所有时期,获得了第四次腾飞,三金人称作实现了"四级跳"。从那之后,三金的每一项决策都取得了员工的一致赞同,为此,党委副书记王淑霖说:"邹董很会做思想工作。"

邹节明认识到股份合作制已经完成三金发展中的必经阶段或过渡阶段的使命,只有继续深入改革,三金的发展才不至于停滞。于是,邹节明带领三金领导班子开始了新一轮策划,决定启动上市。

邹节明认为,国企改制不能一刀切,应该因企制宜,一企一策,不要跟风。资本+劳务相结合的股份合作制是1998年符合三金实际的最佳选择,可以有效解决企业的动力机制问题,最大限度地把职工的积极性调动起来,为企业现代企业制度的建立打下基础,为未来上市做好准备。但改制、改革不是一劳永逸的,股份合作制对三金来说,是一个必经阶段,而不是终极选择。随着现代企业制度的建立,股权平均的问题也逐渐制约企业发展,企业要有更大的发展,最终还是要走上市融资的路。企业上市,接受社会大众的监督,全面建立起现代企业制度的管理机制,是三金朝前发展的必由之路。

几年前,三金通过股份合作制的改制,为建立现代企业制度,进而为上市打好了基础。进入新世纪,三金持续高速的发展让邹节明感到,只有上市才是企业保持活力健康成长的发展道路。

回忆起三金上市之路,王许飞心情复杂。的确,三金上市的过程可谓一波三折,峰回路转。

# 第十一章 上市风波

2000年，正当三金开始着手酝酿、拟规划启动上市的时候，国家证监会的政策发生了变化，三金负债率不高，不够上市融资标准，因此未能上市。

2001年4月6日桂林三金药业集团公司正式命名为桂林三金药业集团有限责任公司，确定了法人与自然人出资股份有限责任公司体制。2001年12月27日，桂林三金药业集团有限责任公司名称正式变更为桂林三金药业股份有限公司。

2004年，邹节明获得国家首届高级职业经理人认证，桂林三金获得年度广西企业50强、年度广西科技进步奖、桂林市科技进步奖特别贡献奖、桂林市利税超亿元大户等荣誉。2005年，桂林三金荣获全国文明单位，邹节明被评为全国劳动模范、广西优秀企业家；"三金牌西瓜霜的研究与开发"获2005年广西科技进步特别贡献奖，总经理王许飞被评为2004年度桂林市劳动模范。

荣誉纷至沓来，邹节明却依旧冷静理性，"入世"后，为了与国际接轨，三金要用专利保护自有知识产权，2000年便向国家知识产权局申请了23项药品发明专利，公司自行研制开发的产品脑脉泰胶囊、玉叶解毒颗粒、西瓜霜清咽含片已经获得专利授权。此外，桂林三金还完成国内各类别新商标的注册6件，主要商标的国际注册4件，获32项包装外观设计专利，2004年桂林西瓜霜（中药材炮制品）及其系列产品（三金牌）获得了国家质量监督管理检验检疫总局"原产地标记"保护认证。

然而随着企业发展，产品开发提速，邹节明认为知识产权保护工作需要以更为严谨的态度来持续开展，2005年，桂林三金对集团16个品种进行了知识产权保护申报，获得西瓜霜清咽含片、西瓜霜润喉片、三金片、舒咽清喷雾剂、西瓜霜工艺（国家保密）等10项发明专利。还申报了妇科口服药（妇炎片）、抗病毒口服药（抗病毒颗粒）2项发明专利和西瓜霜清咽含片新包装外观设计专利；完成国外商标注册2件、国内商标注册12件、获商标注册证5件。

2008年元旦，桂林三金员工与全国人民一样期待着属于我们的奥林匹克盛会，憧憬着三金的上市与奥运会的举行双喜临门。三天小长假刚过，中国证监会突然发布了一个重磅消息，宣布暂停IPO，因为证券要向前迈大步，所以暂停发新股，并且，这一停就停了九个月。

是时间的玩笑还是历史的必然，桂林三金再次调整工作重心，静候证监会召唤。

2009年，三金开始制订新的未来发展规划，十大项目宏图开始描绘出三金现代化企业的未来。这时候，邹节明和他的团队已经明确意识到企业的战略发展规划已经建立起来了，就需要大量的资金，那么，建立一个好的融资平台势在必行。与此同时，三金的现代企业制度建设在推进，内部管理制度建设在推进，已经为上市打下了基础。还有，要克服股份合作制股权平均的弊端，就必须全面深入建立现代企业制度。于是，三金决定全面启动上市申请。这一思路得到公司一致认同，也得到了市政府的支持。

九个月的时间未到，证监会方面传来消息说，从前规定的上市条件大幅改变，"净资产的两倍"的限制、负债率的要求等都不做规定了，完全市场化，发行价格也不控制了。原来只允许三金按收入的20倍的市盈率卖，算起来就是6.43亿，现在放开了，不管了。原来桂林三金排在申请上市企业的最后一家，现在问三金："你们要不要当第一家，中国证券市场A股IPO暂停九个月后重启的第一家？"

邹节明说这个消息颇有诱惑力，可是以他的性格，他是绝对不想主动去领这个第一的。当时还有光大银行也有可能成为市场化后上市的第一家,听说已经获准了。但是后来,证监会又通知三金说,三金是第一家,光大排到后面了。邹节明、王许飞当时都觉得很诧异,后来才知道因为三金的业绩和指标是一直往上的,而且是小企业,让三金作为市场化后第一家上市,后续无论出现什么情况都不会影响中国证券市场化的改革。

对于一位学生物出身的知识分子来说,小白鼠的价值是显而易见的。尽管小白鼠的命运不可预测,但小白鼠的地位在他心里却不容忽略。这个时候的邹节明,镇定自若,他决定了,不惜一切努力做好上市前每一项工作,一定要当好这个小白鼠。而后来的事实也证明,在中国经济这样一个意义非凡的节点,当一回小白鼠是值得的。

2009年6月底,三金启动上市的路演,邹节明一行从桂林分别飞到深圳、上海和北京,就上市事宜回答媒体提问以及相关部门质询,7月8日,全部路演获得圆满成功,万事俱备,只欠东风,只等证监会敲响上市宝钟了。可就在离敲钟还有两天的时候,有媒体刊发消息说,之前1998年桂林三金股份合作制改制的时候用的是国家的钱,是贷国家的钱买的企业股份。国家证监会立即致函桂林三金,要求桂林三金提供事实说明真相,否则停止上市。

当时邹节明、王许飞都在深圳路演,接到证监会通知,邹节明马上派在桂林留守的一位副总去政府汇报,希望政府就当年三金股份合作改制的情况出面澄清。证监会派了三名工作人员到桂林调查,到银行查找贷款记录,要求按程序出具证明。

时间距离既定的上市时间只有两天,时间无比宝贵。这个时候,行动的速度也就显得更为重要,能够决定成败。每一个三金人都知道这份证明的重要。严谨低调的邹节明,行动力超强的王许飞,他们配合默契,在第一时间请求广西及桂林市相关部门的支持，快速启动调查取证工作。

那是一个星期四，桂林市人民政府与广西壮族自治区政府几乎是连夜行动，进行研究，展开调查。

7月9日下午六点，桂林市人民政府与广西壮族自治区政府发出证明函：经桂林市人民政府与广西壮族自治区政府核查，证明当年三金股份合作制改造依法合规。

在接到相关证明材料后，国家证监会立即决定准许三金如期上市。

回忆上市敲钟那天的场景，王许飞想起了一个小插曲：当时证监会规定只准许五位嘉宾在上市仪式上敲钟，可是桂林三金有六位嘉宾，其中请了时任广西壮族自治区常务副主席李金早，桂林市市长李志刚，怎么办呢？善于与人沟通的王许飞立即与证监会工作人员沟通，终于在最后的10分钟，同意桂林三金六位嘉宾一起上去敲钟，据说这是第一次，也是后来再也没有过的。王许飞每每说到这里总有一点小小得意，三金人把证监会的批准当作是国家给予的荣誉，他们认为，无论从哪个方面来看，三金上市的敲钟仪式都是具有历史意义的，这是开启中国中药企业进入资本市场的洪钟，是具有里程碑意义的声音，三金人将永远铭记！

2009年7月10日，桂林三金药业股份有限公司在深交所正式挂牌上市交易。三金以高成长、高效益的崭新面貌，成功进入资本市场，成为A股IPO暂停九个月后重启的首家上市公司。

邹节明一直努力克制着激动的心情，然而随着钟声的敲响，他的心中也如同激荡的湖水，难以平静。这是三金接受市场新检验的开始，尽管从一开始就知道自己是小白鼠，但他决不允许自己失败。每一个学生物的人都知道，一只小白鼠的奉献精神是值得人类学习的。

敲钟礼毕，李金早同志把敲钟用的锤子交到王许飞手上，嘱咐他们把锤子及照片全部放进桂林博物馆。这些物件已经承载着历史见证的重任，成为广西桂林历史的一部分，成为中国中医药企业发展史的一部分。

10日下午，深交所传来消息：桂林三金首日开盘报价32.5元，较发行价涨64.14%。

三金比原计划的6.43亿多融资2个亿，这个结果让邹节明和王许飞都感到意外，王许飞当天就从深圳飞到了北京，询问国家证券机构："是不是真的不管价格了？"得到的回答是"真的"。于是王许飞又飞回深圳，与邹节明商量，邹节明几乎完全没有犹豫地说："价格也不能太高，我们是第一家，是要承担社会责任的。"

这个时候，即便是财富滚滚而来，邹节明依然不为所动，他没有忘记自己身上的责任，没有忘记企业的使命和责任，这是邹节明区别于其他企业家的地方，也是他能够从普通迈向不凡的重要因素。

上市融资的目的达到了，三金集团和桂林市政府乃至广西壮族自治区政府都很高兴。然而邹节明深知，上市之后就没有退路了。要做百年企业，需要防范的风险还很多，创新之路还会充满失败与成功的对决。他期许自己，只有乘风破浪朝前走，绝对不可以回头。


口述实录：董事长邹节明

口述者：王许飞（三金药业现任总裁）


1984年10月20日我来桂林市中药厂时，他（邹节明）当时是副厂长，团支书，12月底他才当厂长。

当时中药厂是个濒临破产的小厂，工资都发不出来。我来到中药厂的时候首先是到生产科，但20天后，也就是11月我就被抽调出去跑销售。因为当时计划经济的包销经营模式被完全切断了，企业没有了活路，必须走向市场，所以企业从各科临时抽调20人组建销售队伍，并在1985年五六月份第一次成立了销售科，当时我任厂长助理兼销售科长，我们以前推销的主要是益母草丸、银翘解毒丸、壮腰健肾丸等大蜜丸以及邹节明初期研制的穿心莲片等现代中药片剂，成立销售科后，就开始在邹总"两年基础、三年改观、五年腾飞"的"十年规划"战略指导下，开始第一次转型，即从生产型转换成生产经营型，并同时调整产品结构，把大蜜丸、片剂普药为主的产品调整到我们的特色独家产品为主。当时资金有限，我们需要面临一个选择，在三金片和西瓜霜两个产品中选一个主打产品，西瓜霜适应人群更广，虽然在1968年桂林中药厂还是个小作坊时就已经有了，但是邹董花了8年时间的攻关，才把西瓜霜炮制工艺改革完成，将传统工艺的发霜变成了现代工艺的发霜，实现了西瓜霜工业化生产，所以我们在选独家产品的时候就选择了西瓜霜。

还记得1991年我和邹总一起在北京跑市场，当时我们住在宣武门附近，开始住防空洞，后来条件好一点，就住在地上了。北京的冬天很干燥，我们对气候不适应，当时我们还是主要靠经销商去推广产品，医院只是做学术推广，但物流还是通过主销商到分销商到医院和药店的，所以我们必须找到经销商的采购部门进行感情交流和企业间的交易谈判等。因此每天都要去拜访，不仅是我，他也出面。北京很大，虽然有出租车，但是因为当时企业穷我们也打不起。所以我们每天只能做三件事，早上跑一家（经销商）、下午跑一家（经销商）、晚上跑一家（专家）。一般早上6点起来后，在小胡同吃个煎饼果子之类的早餐后出发，一般是10点多到11点钟才能到对方的经销单位，到了晚上，我们多半是去拜访专家。因为他们休息比较早，所以我们一般争取要在晚上八九点钟就到专家那里，拜访完我们每天回到旅店一般都要晚上十一二点了。每天都这样，所以很辛苦，有一天我们俩同时都起不来了，后来叫手下的人扶我们去医院。我是腰痛，他是嘴唇肿痛，全烂了，没办法再去工作了。我当时坐也坐不起来，后来才知道自己的腰痛是腰椎间盘突出。那个时候，在最困难的时候，他都是龙头！

他上任的初期，最难的就是营销。这么多年他在两条线上，一直在默默地做。一个是研发，孜孜不倦地在做；一个是在企业管理上一直保持稳健的风格。不管任何大风大浪来，我们宁可慢点，也要稳点，他带着企业避开过好几次危机。比如2008年国际金融危机，这几年国家经济转型，转型后国家的金融资本这块抓得很紧，但是我们避过了好几次危机，走到现在。

他比较谦虚，所以我们也是学他在外边从不张扬。三金从不张扬，我们是在默默地发展，我们也靠政府支持，但是绝不做官商，我们主要还是靠自己，当然也要对国家的整个经济环境做分析，走适合自己的路。我们和各级的关系一直还保持得比较好，但这个关系更主要的还是来自我们的业绩，来自我们严谨的管理风格，我们也希望得到政府的支持，但是不会去做那些违规的事，没必要，也不去害人，做不好会内疚一辈子。他对我们的要求，首先是做人，他总是说"君子爱财、取之有道"，一定是依法获得。没有政府不行，太依赖也不行，这个度也要自己把握。

他一直在默默耕耘。一辈子就做了这么一件事，就是搞好这个企业。

他这人还有一点就是任何时候，不管是困难的时候还是现在，他一直强调要永远保持低调，再富再好都要居安思危、勤俭节约、艰苦奋斗。

他以前当厂长的时候，我当厂长助理，后来我管过营销、质量、生产、技术、研发，一直是他的副手或者说是助手，总体的方向是他来把握，我配合来做，我们没有出现过什么原则上的冲突。

他以前每天晚上都要工作到三点钟，以至于后来心脏出了问题，发生了心梗。当时是在2002年，是在家发病的，凌晨五六点的时候胸痛了，吃了两颗去痛片，一直等到白天医务室上班，才把他送到人民医院，医院一看就知道是心梗了，让他不动，检查后就安排了手术，接下来就做了个支架。

那次他生病不久，我也病了一场，我是第二次腰椎间盘突出手术。在半年的时间里，我们两个是以遥控办公为主。2002年我还没手术之前，他把总裁位置让给我，2003年之后，我是主要的执行者。

当然，每个人的风格有差异，我这个人比较急，也比较粗一些。

我们几个老总，都有被推荐进一步升迁的机会，邹董曾被推荐到广西药监局当局长，而且被推荐过两次，我呢被推荐去当副局长一次，还被推荐去县里面当县长两三次，我们谢元钢副总也被推荐过,但我们谁都没有去,都婉言谢绝了。当时在班子里我是最小,但从1984年到现在已经30多年了,可以说整个青春都在这里了。

对董事长的评价,我觉得要从两条线来看。首先,他一个武汉大学药用植物专业毕业的高才生,一直在实验室搞他的新药研究,从最初来到企业一直到现在,他一直是个扎扎实实的科研工作者。在中药、中成药的制药研究方面,他很刻苦很钻研、兢兢业业,一直在耕耘,而且结下了很多硕果。三金绝大多数新药都是他的处方,并在他的带领下研制出来获得生产批文的。所以从学术的这个层面看,他是一个学者。另一面就是,1984年他被推到管理岗位以后,他不仅在研发上面继续工作,还在企业经营管理上努力学习,转型成企业经营者。在企业管理上他也做得很漂亮。他突出的风格是:严谨、稳健、细致、谦虚。

(2016年2月26日)

## 第十二章
# 君子求本，诚信是金

未医彼病，先医吾心。

——宋·刘昉《幼幼新书·自序》

2010年2月9日，时值春节前夕，桂林的天气阴沉沉的，桂林三金集团工会办主任、党办主任王云驾驶她的宝莱车行驶在去往郊县灌阳的山路上，工会办主任是她的本职，而扶贫工作队驻村队员是她的兼职，几年里，她常常开车在桂林和灌阳贫困村猫儿石村间的山区公路上来回，因为灌阳猫儿石村是桂林三金的扶贫点。

这一天不同于往常的是，邹节明和三金集团党委班子成员要跟随王云去猫儿石村看望当地贫困户，同时也检查自2008年以来桂林三金在此地持续进行的扶贫工作进展情况。平时邹节明鲜与市委市政府官员打交道，但桂林市政府的扶贫项目桂林三金一直是无条件支持的。上善若水，邹节明将扶贫看作是企业回报社会应尽的责任，是成为百年企业必须具备的情怀与功课，需要长期扎实做下去且不得省略。几年来，桂林三金给猫儿石村提供资金修公路、修水利、发展农业生产，按照公司的指示，王云在这里深耕三年，要把桂林三金的公益事业做得扎扎实实。

难得春节前夕终于有了时间和机会，邹节明坐在车上，一路颠簸，他没有想到路这么难走。抵达猫儿石村的时候，已是中午时分，邹节明忽然很是感慨，他对王云说："我很对不起你，你一个女同志，经常这样开车来回，是我没有想到的。"坐在驾驶位置上的王云听了邹节明的话，扑哧一声笑了起来，她是个乐观主义者，为人处世大大咧咧，从年轻时候起，邹节明的文质彬彬就经常成为她开玩笑的素材，而这一次，笑归笑，王云的心头领略到了温暖。邹董之所以在春节前夕来灌阳猫儿石村，是为了让村里的贫困户能过一个好年，也是为村干部坚定信心，给王云的工作以支持和推动。

那天邹节明一行与村干部座谈，向村里捐款捐物，邹节明相信知识就是力量，他还希望自己所领导的企业能够为猫儿石村的孩子改变贫困命运做一些实实在在的事。此后，作为桂林市扶贫支教后盾单位，桂林三金将重点关注猫儿石村小学的孩子们。

说到做到，2011年，桂林三金为灌阳县黄关镇猫儿石村资助扶贫款近8万元，公司及员工共开展各类捐赠活动6次，累计捐款（物）15万余元。

不仅如此，农民工的孩子也是三金关注的重点。2011年六一儿童节前夕，桂林三金又向桂林市龙隐小学的167名农民工子弟赠送了节日礼物。

桂林三金的公益事业是王云爱做的工作，她也知道，邹节明胸中装的从来就不是眼前利益，也不是名利钱财，他在成就一番事业。在王云心里，邹节明是个真正的布尔什维克。她说："社会上好些老板、厂长，有钱了就找不着调了，邹节明没有，他是真正的布尔什维克，一直按共产党员的要求去做。吃吃喝喝的事，他是很抗拒的。市里好些人说，邹节明傲气，好难请。他是知识分子，他痛恨办什么事情礼先行的社会风气，看不惯这些东西。但我觉得他这样挺好的。"

古人说医者"未医彼病，先医吾心"，邹节明认为，扶贫济困与治病救人应该是相同的道理，许多时候，要想"医人"必先"医心"，从某种意义上讲，"医心"要比"医人"更为重要。桂林三金的公益事业体现的是三金人的社会担当，一个靠传统中药制造起家的企业，要百年不衰，现代化的路还很长，打造与之相匹配的企业文化，为后代留下一份精神财富是企业精神的传承，也是百年企业不倒最有力的精神支撑。

企业的发展一旦有了资本的翅膀就能飞跃。插上翅膀后的三金如何才能飞得更高更远是邹节明心中最大的主题。在一系列并购重组过程中，邹节明的反省和思考从未停止。

邹节明一直感念父母让自己读书上大学，在他看来，再也没有什么比读书更能改变人生轨迹实现人生梦想了。那么，桂林三金回报社会，投身公益事业就从资助希望工程、资助孩子们读书、办学开始吧。桂林三金连续9年为桂林四县88所学校、187名贫困生资助从小学到初中毕业的学费。79名科级以上员工起到了表率作用，邹节明一人就资助了15名贫困生。公司也被评为广西希望工程先进单位。

不仅如此，桂林三金对于企业员工子女的教育也是工会工作重点之一，1995年7月25日，桂林三金就制定《关于鼓励员工子女努力学习奋发成才的奖励规定》，对在校学习成绩优异连续获得三好学生的员工子女，对以优异成绩考上大学、研究生的员工子女，视情况不同予以分类奖励，鼓励员工子女奋发学习，努力成材，为三金员工解除后顾之忧，营造一个尊重知识、鼓励学习的氛围。这一奖励规定一直持续到现在，据不完全统计共奖励239人次，已经发放奖励超200万元。

邹节明常说"做事先做人"，他身上所体现出来的更多的是中国传统知识分子的低调淡泊以及仁者爱人的美德。他说："我们做这些事情的时候，是不求回报的。既然要资助、帮助人家，那就诚心诚意地去做，如果是施恩图报、有条件地资助人家，就失去了助人的本心，那这个事情还不如不做。沽名钓誉是旧中国地主老财做善事的做派，我们不要学。但是有一条，凡是我受别人滴水之恩，就要努力涌泉以报。与人为善，短期可能看不出来，但会潜移默化地表现在行动上。我是这样想的，钱是赚不完的，人要规规矩矩地做事情，不该去赚的就一定不要去赚。一个企业，一个人，这样走正路，一生才能平稳。"

1992年，为奖励邹节明一系列发明及科研成果，当时的桂林中药厂职代会通过一项决议，重奖邹节明10万元，当时的10万元是很大的一笔财富，但邹节明坚辞不要，最后他委托工会用这笔钱设立了一项奖励基金，奖励为企业做出贡献的员工。

古人云"医者，仁也"，"业医者，活人之心不可无，自私之心不可有"。每每研读这些句子，邹节明就心生感慨，他告诫员工，我们从事的是"泽及生命，关爱健康"的事业，救助灾难中的生命是我们的天职，要毫不犹豫。

2003年春节过后，一场"瘟疫"毫无预警地袭来，短短几天，"非典"迅速蔓延全国。邹节明意识到，这是一个考验自己和桂林三金的时刻，他们义不容辞。很快，库存的700多件板蓝根全部销售一空，玉叶解毒颗粒各地市场销售也纷纷告急，但板蓝根、金银花、野菊花等中药材原料价格疯涨，上涨幅度达10倍之多，此时如果药品成品不涨价，那生产得越多，企业就亏得越多，怎么办？有人问：三金的玉叶解毒颗粒是生产还是暂停？身为董事长的邹节明立即召集三金高层召开紧急会议，在会上，他果断拍板："不管原材料价格怎么涨，我们都要保证玉叶解毒颗粒源源不断地平价供给市场！"

于是4、5、6、7月连续四个月，工人们加班加点，每月生产玉叶解毒颗粒30000件投放市场，并且确保药价不增、质量不减。就这样，一直持续到"非典"结束。

后来，有人问邹节明，"非典"期间玉叶的生产给三金带来了280万元的利润流失，作为董事长如何看待这个问题，邹节明毫不犹豫地回答："身为国家重点中药制药企业，道义的责任远比利润更重要，企业宁肯赔钱，也要坚持生产，并且要坚持平价供应市场。这是三金的责任！"

桂林三金抗击"非典"的故事被广西师范大学附属中学写进了该校中华民族精神简明读本，作为一种精神传承，桂林三金认为"崇信"是他们本该坚守的职业道德，就像同仁堂门前的那副对联："炮制虽繁必不敢省人工，品味虽贵必不敢减物力。"那被看作中药制药质量保证的古训，和"修合无人见，存心有天知"所言的中药制药者的自律意识，与"崇信"一样，都是中华中医药人的职业精神，需要一代一代地传承。

人非草木，孰能无情，1998年，长江流域发生特大洪水灾害，桂林也遭受洪水侵袭，三金在本身损失700多万元的情况下，仍向灾区人民付出援助之手，先后两次向湖南、湖北等灾区捐赠抗灾药品210万元。

2001年的一天，邹节明办公室来了两位特殊的客人，他们自我介绍说是湖南省常德市的领导。一看是家乡来人，邹节明非常高兴，他招呼两位客人落座喝茶，然后关切地询问他们此行有什么需要帮忙的地方。两位客人听邹节明这样问，就打开窗户说亮话，把来三金的目的和盘托出。原来，常德有一家药企长期亏损面临破产，市委市政府非常着急，就着手研究措施希望能帮助这家药企迅速止损并发展生产。有人提议说，常德籍的邹节明是桂林三金老总，在桂林干得风生水起，何不请他出手相助？市委和市政府研究后觉得此法可行，于是派出两位领导前往桂林招商引资，请邹节明回乡投资。

听了两位家乡领导的话，邹节明心里五味杂陈，家乡一直是他牵挂的地方，尽管离开多年，但家乡的山水依旧在他梦里萦绕。这么多年常德变化不大，他也从未探求过深层原因。现在家乡的父母官来了，还有求于他，而他的事业如日中天，理应回报家乡父老。邹节明想起古人云：授人以鱼不如授人以渔，现在不正是个授人以渔的好机会吗？想到这些，邹节明心中有些激动，他连忙说："好啊好啊，我先向集团报告，然后派人跟你们一起回常德调研。"

就这样，经过反复调研、讨论和协商，三金集团董事会做出决定：成立湖南三金制药有限公司。

2003年，作为三金集团最大的跨省投资项目，湖南三金制药有限公司正式成立。由桂林三金集团控股的湖南三金制药有限公司是一家集科研、生产、销售为一体的现代化企业。公司位于常德市德山开发区高新技术工业园，注册资金3000万元。作为常德市政府重点招商引资项目，湖南三金成立就获得了常德市委市政府的大力支持。湖南三金占地面积200余亩，拥有中、西药制剂生产线和凉茶饮料生产线。

作为桂林三金的跨省投资项目，湖南三金承继了母公司良好的企业文化，2004年-2008年，公司先后获得"湖南省高新技术企业""湖南省消费者信得过企业""湖南省员工信得过企业""常德市人才管理先进单位""常德市文明单位""常德市财务管理先进单位"等荣誉。公司产品质量优良，品种丰富，享有良好的市场声誉，主导品种玉叶解毒颗粒为全国独家生产，国家中药保护品种、湖南省名牌产品、湖南省省高新技术产品，获得2007年常德市科技进步二等奖。三金牌玉叶清凉茶先后被授予"常德市名优特新产品""常德市委、市政府接待指定饮品""湖南省第三届科技博览会科技创新金奖"荣誉。公司还拥有肾石通颗粒、消渴降糖胶囊、安闲（拉莫三嗪片）、烟酸缓释片、益肾灵颗粒等二十余个中西药品种。2008年，湖南三金实现销售额5000万元，实现利税850万元。五年里，累计向地方政府缴纳各项税收3000多万元，解决了当地200多人的就业，支援常德市新农村建设50万元。邹节明回报乡梓的行动也在湖南常德传为佳话。

2008年3月，春天的桂林遭遇了一场冰雪灾害，早已将桂林作为自己第二故乡的邹节明，与千万个桂林人一样着急，身为桂林本地企业家，邹节明觉得自己和企业应该担当更多的责任和义务，经公司董事会讨论，三金决定捐款100万元帮助受灾群众重建家园。2008年5月16日，汶川地震，灾情之大牵动着全国人民的心，作为医药企业，桂林三金比任何时候都关注灾区民众的生命安危，他们第一时间行动起来，组织员工捐款捐物，并亲自将300多万元的善款和防控疾病的药品以最快的速度送往灾区。

青海玉树地震，桂林三金主动联系红十字会，并积极组织灾区急需的止血消炎药品（价值115.2万元）以最快速度运到灾区；同时还积极联系桂林市希望工程办公室，并在他们的帮助下，将员工们踊跃捐赠的7万多元善款捐赠给玉树县安冲乡寄宿小学，帮助该校开展灾后重建工作；台湾地震，三金员工奉上善款6万余元；此外，作为桂林市首家参与广西红十字会"救心行动"的企业，三金持续关注那些不幸罹患先天性心脏病的儿童家庭，在红十字天使计划博爱救心八桂行义演募捐晚会上，三金再次捐赠 10 万元，为先天性心脏病患儿奉上三金人的爱心。

"企业发展不忘回报社会"，在这一理念指导下，邹节明带领三金集团在持续快速发展的同时，积极投身社会公益事业，以真情回报社会。据不完全统计，近年来，三金参与各项社会公益活动投入达 3000 多万元。这其中还不包括员工的个人捐赠。

"崇信、创新、争先、勤实"是桂林三金企业精神的概括，多年来，邹节明领导的三金人踏踏实实践行着这一精神，用崇信的美德、创新的智慧、争先的斗志、勤实的行动，使一个名不见经传的中药作坊小厂一跃成为全国知名的现代化中药制药企业，稳居中国中药行业前列。

三金的党员活动组织生活也常常是繁忙工作之后的轻松一刻。一次，大家一起来到资源县，笑谈古今，憧憬未来。谈至高潮，大家要求邹节明和王云一起表演一个节目，这样的搭配，多半会有精彩迭出，只听王云对邹节明说："我们朗诵一首诗吧，《咏梅》怎么样？"邹节明微笑着回答："可以。"于是他们走到大家前面面对大家站立，彼时的邹节明有些兴奋，用王云的话说是"很神气地"开口朗诵："风雨送春（qun）归，飞雪迎春（qun）到……"乡音未改，一口湖南话，把大家笑得上气不接下气。"看见大家笑，邹节明也笑，一边笑还一边把这首诗坚持朗诵完了。"回忆起过去的日子，已经退休的王云依然满面春风，快乐无比。

退休前长期做党务和工会工作的王云，一直离不开三金这样一个大家庭，虽然已经退休，独生女在北京工作，但王云每天还是愿意与三金的老同事一起散步聊天结伴旅游。像王云这样的老同志很多，还有一些因种种原因离开三金的人，也以自己曾经是三金的员工为荣，他们也经常与三金的老同事一起聚会。三金人脸上的笑意是真诚的，他们为自己的企业自豪也是无须掩饰的。

## 第十二章
### 君子求木，诚信是金

2012年5月的一天，提取车间的派遣工唐润花同志在桂林市总工会参加了市劳模表彰大会，副市长为唐润花颁奖。站在领奖台上，唐润花脸上绽开的笑容让所有人忍不住赞叹。在台下为唐润花拍照的儿子一遍又一遍地讲："妈妈你是最牛的！"而唐润花每次回忆这一刻，都由衷地说："我这辈子能在三金工作真是值了！在三金工作是我一辈子的骄傲！"

作为派遣工，唐润花于1993年来到桂林三金，一直在提取车间工作，直到退休。在三金，她的第一个岗位是清洗工，这项工作普通且辛苦，而唐润花勤勤恳恳、任劳任怨，这样一干就是5年。在三金的舞台上"是金子总会发光的"，因在该岗位的出色表现，她后来被调到了车间核心技术岗位，这一干又是近20年，在这个平台上与班组同志和技术、管理人员共同努力，解决了产品微生物限度和挥发性成分含量稳定性等难题，创造了连续3年产品合格率100%的纪录，为公司节约了大量的生产成本；并为该品种含测达到中国药典要求，提供了充分的数据支持。

唐润花平时最喜欢的一句话是："把每一件小事做好，就相当于做好一件大事，而正是三金给了我这个机会。"她无论在普通岗位还是技术岗位，都始终如一、脚踏实地地工作，用实际行动捍卫了三金的荣誉。

"付出就有收获"，唐润花于2015年退休，在三金工作的二十多年里，她先后25次获得所在车间月度之星，6次年度之星，2012年获桂林市劳模，2013年获得广西壮族自治区"五一劳动奖章"。记者采访她时，她发自肺腑，简单而又真挚的一句话是："我是三金的员工！"在她的内心深处从未因为自己是派遣工而感到与其他员工不同。

同是桂林市"五一劳动奖章"获得者的三金公司党委副书记王淑霖说："三十四年来，我见证了三金的转轨变型，企业升级的主要历程，也见证了三金勤实、创新的工作作风。伴随着企业的发展，我从一个只有书本知识的大学生，磨炼成为一个注重实践运用的高级工程师，所有这一切得益于掌舵人邹节明和一群热爱三金的员工师傅和同事，更得益于三金企业的发展壮大给我们提供的事业平台和个人发展空间。"多年主管公益活动开展的王淑霖与三金的骨干员工79人个人出钱资助187位贫困生。从小学到中学长达9年累计50多万元。她说这样的事例不胜枚举，也正是这些让她懂得三金不是一两个人的事业，是大家的事业。邹节明始终将三金的事业看作是关乎员工的家庭和未来乃至全社会民众健康的事业，这才是优秀企业家的胸襟和眼光，更是激励她们不断前进的动力。王淑霖庆幸自己一毕业就来到了三金，她深知自己的成长是随着企业的发展而来，她不无感慨地说："成为三金人是我的福气，更是我的荣耀！"

2014年7月17日，桂林三金集团党委第五次代表大会召开，邹节明代表第四届党委会题为《敢想勇为，敢创进取，为建设"国内领先的医药制造集团"而努力奋斗》的报告，"敢"字当头，是桂林三金"崇信、创新、勤实、争先"三金企业精神与企业文化的升华，突出强调锐气、冲劲、突破、领先等元素，在公司全面营造"敢为先"文化氛围，让"敢为先"的企业精神和"敢想、敢做、敢创、敢爱"的核心价值观渗透到公司各方面工作的落地建设当中。

在邹节明的报告里，有熟悉的劳动模范，也有新晋的先进工作者，"过去五年，先进人物层出不穷：王许飞总裁荣获'全国五一劳动奖章''广西优秀共产党员'等荣誉，临桂分厂派遣工唐润花获广西'五一劳动奖章'，公司党委副书记王淑霖、二车间派遣工前处理洗桶班班长唐桂兰获桂林市'五一劳动奖章'；车队队长胡晓冬被评为桂林市劳动模范；朱烨列为桂林市会计拔尖人才，周艳林作为西部之光的学者……多名员工代表企业在市、区组织的各类赛事中获奖，全方位丰满企业形象，传递三金充满阳光活力的信息"。在三金的功劳簿上,派遣工与总裁享有同样的荣誉,劳动者是光荣的,工作者是美丽的。

2014年3月,桂林三金舒咽清喷雾剂新品通过了美国FDA的NDC药品注册,同年7月,舒咽清喷雾剂在美国市场上市销售。三金人说"高品质的药品是生产出来的,不是检验出来的"。那些真实发生在三金制药人身上的恪守企业精神的诚信故事,既有惊险万分的打假"保牌"故事,也有原材料质检专员为把关药材品质首道关,与中药材供货商斗智斗勇的趣闻,还有片剂称配女班长铁面无私、悉心守护药品质量关的感人故事。

专业质检员陆荣清是桂林三金的"验药高手"之一。每天,穿梭于各药材仓库,陆荣清让有问题的不合格的中药材供货车无处遁形。陆荣清说,日常质检涉及中药材品种不仅仅是三金片、西瓜霜系列产品原料药,还有其他的涉药品种能有50多种,所有中药材必须依次接受首道质检认可后才能入库。为了不让发霉、生虫、掺假掺杂等问题药材蒙混过关,质检需要用事实让供货商信服。最忙时候,陆荣清一天经手的中药材原料达到二十几个批次,他必须从堆积成山的十七八辆大货车上精准地筛除不合格药材。

中药材质检工作日晒雨淋,非常辛苦,还要与供货商斗智斗勇,而让陆荣清坚守信念的一句话是:"做事凭良心。"

邹节明说,空谈误业,实干兴企。百年企业靠文化,建设优秀三金文化更需要长期的培育。大家要有"打持久战"的准备,坚持用系统方法,整体设计,分步推进,分层落实,并把企业文化建设的任务落实到实际工作中去。

新时代来临,赋予了桂林三金企业精神新的内涵,"敢为先"成为三金新一代所倡导的企业精神,他们大声喊出"我敢先,我能赢"的口号,勇敢面对挑战，期待早日把三金建设成为"国内领先的医药制造集团"。

邹节明的梦想是中药现代化并且走向世界，这个目标在他走进武汉大学生物系教学楼看见李时珍的画像的那一刻就萌生了，是桂林和广西丰富的中草药资源给他提供了机遇提供了舞台，他要把三金建设成百年三金，经得起时间风雨的检验。

口述实录：仁者邹节明

口述者：王云（三金集团工会干部）

我是1978年来到桂林中药厂的，当时邹节明是科室里的技术员。刚来时对他的印象就是：不爱说话，样子很斯文，一个书呆子的形象，属于臭老九。当时厂里的知识分子好像就他一个人读过大学。后来因为他帮我们这批员工解决了身份问题，我们都很感激他。我进厂的时候是集体所有制的合同工，而中药厂是国营单位，进厂后我们这一批人一直为自己的身份问题苦恼。邹节明担任中药厂厂长后，了解到我们的情况，便想办法帮我们50个人解决了身份问题，把我们转成了国营合同工。不过，当年厂里职工在选他当厂长的时候我还取笑过他，说你当厂长，那么斯文，谁听你的？你不要当了。不过你当厂长有点儿好，很和善、温和，我们都不怕你。最后他还是当了厂长，温文尔雅没失掉，不过威严却树立起来了。他是先立规矩，然后带头按规矩办事，有原则，大家就很信服他。慢慢地，威信就这样树立起来了。

1987年二十周年厂庆的时候，正需要用人，厂里抽调我负责厂庆的宣传画布置等工作。可那时候我一心想往北京去发展，受一位朋友鼓动，我就动了心思。我谁也没告诉就去了北京，丢下手头的一摊工作全部交给同事处理。50天后，我忽然想起该交党费了，就写了一封信给当时的政工科长贾桂珍，邹工知道后，他出于关心，托贾科长做我和我父母的工作，贾科长批评了我，说服我赶紧回厂报到，当时按国家规定旷工15天就要除名，我回到桂林中药厂后，看到厂里已经起草了一个拟将我开除的红头文件，但还没有发。后来我写了检讨交上去，厂里就把我的处分从开除改为留厂察看一年。当时有人对我说邹节明这样做是在整我，但我认为首先是我不对，处罚我是应该的，国家也有规定，当时厂子正处创业阶段，如果这样都不处罚的话，他厂长怎么当？后来厂里决定把我下放到车间里面去工作，每月只发50元基本生活费。经过一段时间锻炼和考察，厂里讨论后才决定让我回办公室工作。

记得有一年，我们十来个员工一起到黄山休假，吃饭的时候菜上错了，大家都不干，邹节明说："别发难了，人家做生意也不容易，只要能吃，错了就错了，咱们把这个菜要下来。"我认为这些小事体现的是老板的心胸和人格。

1984年那一年中药厂非常不景气，一部分工人只能领70%的工资。当时我就想调走，1984年底写了报告交给刚上任的厂长邹节明，他没吱声就把报告留下了。我回到家里，对父亲说希望调到理工学院工作。当时我父亲是理工学院院长，听了我的话就说："你是个党员，如果厂里很好，你想调走没问题；如果你们企业现在不好，人家新厂长刚刚上来，厂里正需要人的时候，你走了，就是拆台。"我听了很不服气，说："我又不是领导，我拆谁的台啊？"父亲却说："你只要不走，就是对他的支持，说明你信任他。你现在这个行为要是搁在解放战争时期，就是逃兵。我不是反对你走，你自己想想吧。"我想了一个晚上，决定不走了。第二天一上班，我到邹节明的办公室对他说："邹工，把我的报告还我。"邹节明笑着问我："你不走了？"我说："不走了，我受教育了。"从此以后我就再也没有离开过企业。后来这件事我都忘了，邹节明却记了一辈子，有一天他跟我提起来说：王云啊，你爸你妈都是好人。

邹节明对工会工作一直都很支持，一次我们在荔浦那边搞活动，抽签表演节目，我有意让他抽到与贾书记一起跳天鹅湖，我带了白色超短裙给他俩穿，他有些犹豫，问我：真要穿啊？我说：要穿！然后给他套上。他又问怎么跳呢？我就教他跳。贾书记扮白天鹅，他扮黑天鹅，一出场，全厂人都笑翻了。可他还是很认真地配合表演。那时我们就不把他当厂长、老大，就当普通员工。

（2016年2月28日）

# 第十三章
# 重回珞珈山

大医精诚

——唐·孙思邈《备急千金要方·大医精诚》

1998年，邹节明当选为第九届全国人民代表大会代表，在九届人大三次会议上他向人大正式提交了《加强中药材资源保护与合理开发利用，促进中药产业现代化》的提案。邹节明说，中药产业现代化是中药走向国际市场的关键。中药现代化是包括中医理论的现代化，中药质量标准的现代化，中药技术的现代化，中药管理的现代化和市场营销的现代化，这是一个系统工程。

1999年5月邹节明回到母校武汉大学，此时的他已是国家有突出贡献的中医药专家、卫生部中国药典委员会委员、国家中医药管理局中医药工作专家咨询委员会委员、全国优秀企业家"金球奖"获得者。他设计和主持开发出几十种中药产品，其中全新产品32种，2项获国家级技术进步奖，6项获省部级技术进步奖，更重要的是，他的成就不仅仅在学术方面，他让一个濒临倒闭的中药厂，发展成为一个以年均30%的速度快速成长的全国中药制药行业排名前十位的企业，他也由此成为集著名专家学者和企业家于一身的稀缺人才。他是母校的骄傲，他的成就是母校的荣光。

重回珞珈山，邹节明心中无限感慨，在那白衣飘飘的学生时代，他从未有时间在美丽的校园小路上徜徉，而他是那样热爱校园、热爱植物，他的初衷是要成为一名生物学家。是命运捉弄还是造化安排，而今，他回来了，他的身份是一名中药专家、一名企业家，在春意盎然的校园，他的心中犹如小鹿撞怀，他渴望延续他的学者之梦，又唯恐母校不能接纳。

5月18日，在武汉大学行政大楼会议室，第二届杰出校友奖颁奖仪式隆重举行。邹节明与著名经济学家董辅礽、中科院院士王梓坤等一起接受了母校授予的"武汉大学杰出校友"称号。他是唯一来自企业界的"杰出校友"。随后他那仅两分钟的简短致辞，竟几次被掌声打断。他心心念念的母校再一次敞开胸怀拥抱了他，他备感温暖。

他是邹节明，国家有突出贡献的中医药专家、卫生部中国药典委员会委员、国家中医药管理局中医药工作专家咨询委员会委员、九届全国人大代表，也是这次评出的武汉大学10位杰出校友中最年轻的一位。母校充分肯定了他的成就，给予他"杰出校友"的称号。

这个荣誉在邹节明心中分量有多重，邹节明不言。他又一次来到了那寄托着他青春梦想的地方，他再一次走进生物系教学楼，再一次向他心中的药圣李时珍行注目礼并再一次立下宏愿：一定要让古老的中药制药实现现代化并走向世界。

如果说当年走进珞珈山生物系教学楼的那一刻，是邹节明心中理想的发端，那么1999年5月18日，则是邹节明重拾梦想向着更高更远目标迈进的新起点。邹节明知道，中药制药要走向世界，首先要尽快实现现代化。古老的中医药文化如果不注入现代内涵，就会自生自灭，被淘汰。他意识到自己身上的责任和使命，暗下决心，今后数年他将继续致力于中药现代化课题的研究，为古老的本草注入活力。

2001年，桂林三金向武汉大学生命科学院捐资100万元，用于植物学研究。

2001年5月22日，邹节明被聘为北京中医药大学客座教授。

2001年底，桂林三金药业股份有限公司获准建立"博士后科研工作站"，三金技术中心也同时被国家经贸委等四部委认定为国家级技术中心，这在广西中药制药企业尚属首次，在国内同行业中也属凤毛麟角。与此同时，三金与中国中医研究院、中国药科大学、辽宁医药工业研究院、广西医科大学、广西中医药研究所、武汉大学生命科学院等20多家大学和研究机构开展了研发项目合作，聘请了一批国内知名的中药、生物、制剂、植化等各方面的专家做研究顾问。"产学研"结合，为三金向更高维度发展打下了坚实的技术、人才基础。

2003年，中国运用中西医结合治疗"非典"取得成效，特别是中医药在非典时期发挥了独特作用，让人们的目光再一次聚焦古老的中医药理论。为此，《光明日报》记者特别专访了邹节明，邹节明对记者说，中医药是中华民族古老而又生命力极强的传统医学，它强调"审证求因、辨证施治"。在中国几千年的文明史中，中医药理论和实践都取得了巨大的成功。中医药的现代化绝不是简单的"中医西化"，用西医药的模式和理论去改造中医药，就失去了中医药的特色和生命力，失去了中医药与西医药对话的条件，也失去了与国际沟通和接轨的能力，那么，中医药走向世界也就无从谈起。

2005年，北京中医药大学博士生导师邹节明要招博士生，三金研究所的周艳林得知这个消息，心中纠结再三，他是广西师范大学有机化学专业的硕士研究生，本科和硕士学的都是化学，来三金工作八年，很想甩掉"非药学科班出身"的标签，可是工作八年，外语忘得差不多了，很怕考不上。他把自己的想法告诉了邹节明，没想到得到了邹总的积极支持。"老板的指导思想是，我们研发工作必须与公司生产实际紧密结合。"周艳林理解了邹节明的用心，于是捡起书本刻苦复习备考，他深深觉得邹总对三金未来的设计总是比普通人的想法至少要超前三步。

周艳林参加的是全国研究生统考，功夫不负有心人，他与同事都考上了，但按规定邹节明当年只能录取一名做他的博士研究生。最终，邹节明选择了周艳林。"可能老板觉得我年纪大些，安排我先去上，也可能还惦记着我没正儿八经学过中药，送我去好好学习下专业知识。"就这样，周艳林成为邹节明的博士生。

三载博士攻读，最终要落实到论文上。"博士课题选题是非常关键的，当时老板指导选题出发点很明确：毕竟我们是从企业过去的，要立足解决公司的现实应用问题，不能只立足于发文章做基础研究。"跟着邹节明学习三年，周艳林对导师的初衷已经完全领会了解。最终，邹节明指导周艳林确定了选题研究做三金片处方中主要药味之一的菝葜，论文标题是"菝葜的化学成分与质量标准研究"。邹节明以严谨著称，而周艳林潜心用功，这篇论文做得还不错，得到了邹节明的肯定，也得到了业内人士的好评。

周艳林顺利毕业，但他的研究并没有终止，邹节明告诫他继续三金片的深入研究，因为三金有更为高远的目标。于是，周艳林与他的同伴对三金片一些新颖成分开展活性研究，发现其中一个新化合物具有较好的抑制新生血管增生活性，具有深入开展成药性研究的价值。后来邹总说既然是新化合物，又有较明确的活性，就非常具有研究价值。他让我不要急于发表论文，而是先报专利并开展PCT专利申报。这是三金第一次尝试报国际专利，2010年申报，2014年底就获得了美国的专利授权。这给了周艳林信心，他决定做个甘于寂寞的人，把研究进行到底，并不急于发表文章，因为"邹总的确挺有前瞻性的"。

桂林三金副总工程师吕高荣评价周艳林的研究说："非常有苗头。这个专利发现三金片除了常规的一些作用以外，主要成分还有一个很好的用途，如果把这个用途开发出来就是一个很好的创新药。而且这个开发思路跟国际接轨，做出来以后那世界也是认可的。我们认为是很值得期待的。"

而已经成长为三金中药研究所副所长和西部之光青年学者的周艳林说："今后我想还是应该坚守在研究所做新药开发，国家《中医药法》已颁布实施，今后我们中药新药开发怎么走，也跟老板做过深入的探讨，整个中药开发这块也有跟老板在探讨，传统的开发模式肯定要调整。"

导师邹节明一直坚持做新药开发和老产品的二次开发这两条思路，周艳林早已铭记在心。周艳林侧重于现有产品的二次开发研究，他认为三金的独家品种有30多个，比如现在仍然做得好的三金片、西瓜霜两大名牌产品，都是邹节明通过坚持不懈持续创新改进，成长为同类中成药的第一品牌。在周艳林眼里，这些产品里面简直就是一座富矿，还有值得挖掘的地方，他要从工艺创新、标准提升入手，继续深挖这座富矿，让它们走向世界。

2006年11月，桂林三金向广西中医药大学捐资100万元，用于中医药研究。当时广西中医药大学有一项成果邀请三金集团合作开发，恰逢国家科技创新强调校企联合，邹节明认为，三金作为重点企业既要立足于市场又要科技领先，校企联合是一条理论联系实际的可行途径。于是，三金选定了一些重点学校来资助，建重点实验室，扶植重点项目的攻关。桂林三金现任党委副书记王淑霖还清楚地记得此后"广西中医药大学专程过来汇报过，这100万元用于哪些项目建设，取得哪些成果"。

截止到2008年底，邹节明作为第一完成人开发了32个特色中药品种，在研中药新药9种，三金集团90%的利税都是他研制的产品获得的。他每天要工作到凌晨两点半才能入睡，第二天早8点，他又要准时去公司上班，以至于他的研究生周艳林说，老师像一个超人不知疲倦啊。

2010年10月，金秋的北京，鲜花处处，只有金黄的银杏叶昭告人们秋色正浓。钓鱼台院墙外的银杏树引来许多市民游客拍照留念，与其他植物不同，银杏最美的季节是秋天，这也难怪万木憔悴时她能独领风骚。

10月20日下午，有"中国的诺贝尔奖"之称的何梁何利基金科学技术奖2010年度颁奖大会在北京钓鱼台国宾馆隆重举行。中共中央政治局委员、国务委员刘延东，全国人大常委会副委员长、中国科学院院长路甬祥，全国政协副主席、科技部长万钢，全国政协副主席何厚铧，全国人大常委、教科文卫委员会主任委员朱丽兰，中国工程院院长周济等领导出席了颁奖大会。此次获奖的有51名科学家，邹节明教授荣获"2010年度何梁何利基金科学与技术创新奖"。

邹节明上台领奖，委员会给邹节明的授奖词是这样的：

邹节明教授身为桂林三金药业股份有限公司董事长，教授级高级工程师，40多年里一直在广西科研生产第一线致力于中药与民族药创新研究与产业化，是我国中药与民族药现代制剂的先驱者之一，对我国中药和民族药创新与制药现代化做出了突出贡献。他主持研发中药与民族药新药32种，20种列为国家中药保护品种，获国家发明专利25项；发表学术论文 95 篇，专著 3 部；培养博士 3 名，博士后 2 名。他创建的桂林西瓜霜、西瓜霜润喉片、三金片等一批具有自主知识产权的著名品牌，产业化程度高，产生了非常显著的经济效益与社会效益……何梁何利基金委员会决定授予邹节明"科学与技术创新奖"。

站在领奖台上，邹节明脑海里闪现的第一个形象就是母校教学楼里李时珍的画像。上天造化人，命运捉弄人，邹节明是个无神论者，他不相信冥冥之中有神在安排众生。那年他在珞珈山标本楼看见李时珍画像时，心头一颤，浑身有触电般的感觉，那是一种精神的连接，他的思维被激活，他的心中一直活着一棵本草，不是人参，也不是甘草，是一支百年不死的灵芝开出的思想之花，一直在赋予他能量。

信息化时代，资讯总是传播得飞快。邹节明获得何梁何利奖的消息传到广西，广西的新闻媒体说："这是广西第一位科学家、学者获得何梁何利基金奖的奖励。"是广西的第一位，也是桂林的第一位，广西桂林早已成为邹节明的第二故乡，邹节明是他们的骄傲。

何梁何利基金是香港爱国金融家何善衡、梁銶琚、何添、利国伟先生共捐资 4 亿港元于 1994 年 3 月 30 日在香港注册成立的社会公益性慈善基金。基金本着"在中国的土地上，建立中国的奖励基金，奖励中国的杰出科技工作者"这一框架思路，在中国开辟了重奖杰出科技人员的先河。1997 年，朱镕基总理曾为基金题词："高谊可风、功在当代、泽被永远。"对基金创立者的义举、善举做了精辟、贴切的概括。

何梁何利基金科学与技术奖励是目前国内规模最大，影响最广和最权威的社会力量设奖。其宗旨是通过奖励取得杰出成就的我国科技工作者，促进中国的科学与技术发展，倡导尊重知识、尊重人才、崇尚科学的良好社会风尚，激励科技工作者不断攀登科学技术高峰，加速国家现代化建设进程。基金按照"一国两制"的原则设立,并遵循向国际规范靠拢的原则,参照诺贝尔奖和其他国际大奖的运作机制,坚持"公平、公正、公开"的评选规则,每年评奖一次,分设"科学与技术成就奖""科学与技术进步奖"和"科学与技术创新奖"。从 1994 年设奖以来,何梁何利基金共奖励 901 名科学家(其中中国科学院院士和中国工程院院士约占三分之二),著名科学家钱学森、钱伟长、袁隆平等曾受此奖励。

邹节明此次获得的何梁何利基金"科学与技术创新奖",是专门授予具有高水平科技成就,且通过技术创新和管理创新,并创建自主知识产权产业和著名品牌,从而创造重大经济效益和社会效益的杰出贡献者。邹节明当之无愧。

何梁何利基金"科学与技术创新奖"的获得是邹节明学术生涯的一个重要里程碑,同时也是中医药制药史上的一个重要里程碑。邹节明深知此奖的分量,他的心中早已构建起再出发、向前进的发展蓝图。他目标专一,勇往直前。

邹节明希望有更多时间回归他的学术研究和集团战略研究,更好地当好掌门人,桂林三金日常经营管理他已交棒三金总裁王许飞。王许飞总裁说:中药增长有限,所以还要从生物制药和大健康产业来找新的增长点。中药是三金发展的根基,三金是以广西的中草药资源为依托,研发有三金特色、独家生产的中成药产品,这是根基不能丢掉,邹节明作为董事长多年来带领三金所做的一直没有偏离这条路。而换一个视角来看,尽管广西有 4600 种的中草药资源,是三金发展的根基,但我们又不能仅仅靠中药,目前上百亿的纯中药制药企业在全国还没有,而三金的目标是做到 100 个亿,打造"百亿三金,百年三金",这在中药制药企业里面是很高的目标,仅仅靠中药难以实现。如何利用资本的魅力,脚踏实地做强做大,这是三金的新课题。

邹节明率领他的团队花了一年的时间调研，确定了以中药制药为核心和根基的医药产业为主体，以发展生物制药为主的生物技术产业及大健康产业作为两翼，相关产业为辅的"一体两翼"发展战略。邹节明看到，生物制药看似很热，但目前它对国内的医疗贡献并不是很大。但因为它针对的多是大病种——癌症、心血管、糖尿病、风湿类等疑难病症，所以它还是很有发展前景的。可以说对于生物制药，全中国的制药企业基本都在一条起跑线上，这就是机会。依托三金的管理平台，邹节明决定进军大分子生物药物领域，去抢占国外专利拟将到期的大分子生物药物市场，一旦成功，将会有超100亿的销售。

2013年，三金收购上海宝船生物医药，这是美国的一个研究公司，研发的第一个生物药临床批件成功转让给了默克公司做临床。宝船生物主营生物医药产品、药物的研发等，主要从事生物大分子药物研发和生产。生物大分子药物代表目前国际上最为前沿的药物发展方向。桂林三金以350万美元整体收购宝船生物100%股权，主要看中宝船生物在研的两个重磅抗癌新药项目：爱必妥项目（用于治疗转移性结直肠癌）和赫赛汀项目（主要用于治疗某些HER-2阳性乳癌）。除了在研产品外，宝船生物背后的研发团队也是桂林三金相中的无形资产。

三金完成收购后，立即立项研发分子靶向药物——重组抗EGFR人鼠嵌合单克隆抗体注射液。2015年，三金公司向国家食药监总局提交临床注册申请并获得受理，2016年9月获批临床，目前正按临床批件要求开展临床实验研究。三金现在每年投五六千万，研发抗癌症晚期药物，且此项投入费用每年还在增加中。宝船生物目前已在张江高科技园区建立了一个拥有抗体技术、蛋白工程技术、分子生物学、细胞生物学以及动物模型技术平台的高水平研发实验室，并拥有优秀的技术团队和国外先进的研发、运作、管理经验，为三金进一步深化生物制药战略布局和提高整体竞争力打下坚实的基础。

除了重点发展生物制药外，三金的另一个重点就是发展大健康保健品和保健食品，包括两大类，一类是西瓜霜牙膏，一类是中药保健品，有保肝类、润喉保健食品、维生素类、补钙类的保健产品等十多个，之后，三金又研究花青素类、抗高原反应的保健品等等。

邹节明认为，开发大健康方面的中药潜力主要因为，改革开放三十多年，老百姓生活水平提高了，大家的健康意识提高了，长寿、保健成为潮流。所以三金今后的方向如果能够从"治已病"转到"治未病"，以预防为主，这样更能体现中药的生命力。这是一般保健食品做不到的，也是西医做不到的。西医目前只有钙制剂、维生素制剂以及生物提取制剂。而像罗汉果提取物、葡萄籽提取物，它既不是中药，也不是西药。当今中药以五千年的中医理论及临床研究做根基，是一门积淀深厚的科学，在预防疾病方面开发中药潜力也是对中医药的发展。

《黄帝内经》上说："上工治未病，不治已病，此之谓也。""治"，为治理管理的意思。"治未病"即采取相应的措施，防止疾病的发生发展。中医有一个重要的思想是：未病先防和既病防变。未病先防重在养生。主要包括：法于自然之道，调理精神情志，保持阴平阳秘这三方面。既病防变，顾名思义，已经生病了就要及时治疗，要能够预测到疾病可能的发展方向，以防止疾病的进一步进展。疾病的发展都有顺逆转变的规律，正确预测到疾病的发展则能够及时阻断疾病的加重或转变。邹节明反复研读中医药经典，对照现代药学的观点进行思考，每一次都收获良多。

民间通俗的说法是：中医治慢病，西药治急病，治疗疑难杂症则是中西医各有优势。实践证明，中西医结合更好。根据市场调查，生物制药和大健康是很大一块蛋糕，"治未病"介于药品和食品之间，但与中药制药一样是良心产业，值得三金为此付出努力。

邹节明的继任者王许飞认为，到目前为止，三金坚持以中医药为主，充分开发中药潜力，同时发展生物制药和大健康产品的方向不需要调整，"我们要调整的就是策略。我们所有的重点都在中医药这条线上，一般不跨界。当然以后做好了，我们可以在行业上延伸到养老、建医院，也可以收购一些养老院和医院等。两条路发展，一条自己发展，一条用购并，用资本的手段来实现。这是我们的方向，是今后十年、二十年的规划"。

他们的目标是一致的，踏踏实实做好一件事，那就是让中医药现代化并走向世界为世界人民服务。

勿忘初心，方得始终。邹节明的学者梦在他几十年如一日的"研读、实践、研究、应用"中循环往复，从未中断。即便是股份制改造和三金上市，事情千头万绪，邹节明也没有放弃他的学术研究和思考。他治学严谨，容不得半点马虎。从母校武汉大学毕业几十年却仿佛从未离开，美丽的珞珈山是他梦想开始的地方，他没有忘记标本楼里药圣李时珍的画像充满悬壶济世的人性光辉，没有忘记高尚英、钟心煊、何定杰、余先觉这些杰出学者的治学精神，没有忘记在那风起云涌的时代里他侥幸邂逅的每一味本草……每一次回到珞珈山，他的心中都充满激情，仿佛是接受一次又一次洗礼，让他忘却市场商战风云，回归象牙之塔，纯净、清明，充满梦想。

在珞珈山，邹节明一次又一次扪心自问，我真的可以站在这里吗？母校一次又一次授以最高荣誉回答了这位高标准要求自己的学生。而他的同行，对他除了欣赏还有敬佩；他的研究生、学生对他，则更是崇拜和追随。他是学者邹节明，母校以他为荣。

口述实录：学者邹节明

口述者：周艳林（邹节明的博士生，三金药业公司中药研究所副所长）

我是跟老板学习做中药开发的，因为我本科、研究生都没有正规学过中药学，老板也一直惦记着我是学化学出身的。我本科在江西师范大学学习化学（算是基础学科）、研究生转到广西师大学习天然有机化学，毕业后就来三金上班了，算是非药学科班出生。

读老板的博士其实也是机缘巧合。首先能进三金工作是要感谢三金包容的引人策略，因为那时三金已经很俏了，重点招收名牌大学药学专业毕业生，虽然那时我们研究生毕业找工作还是相对容易，我也已经找好工作准备留校当大学老师了。机缘巧合，一天跟学院老师开玩笑问：桂林有没有做科研不用愁经费的单位啊？老师开玩笑地说，"去三金啊，三金好有钱，听说那里人人都发金项链的，不差钱"。后来考证传说确有其事，据说三金集团成立那年给员工发的福利中确实有金项链。

当初我就想找个不用为科研经费发愁的单位，因为当时在做研究生课题时，感觉经费好少，只有两三千块钱就要完成研究生论文研究，读了三年穷书。进三金后，先在车间轮岗实习半年，了解企业文化,然后定岗到研究所,因为老板总觉得我没正规学过中药,赶上2005年老板在北京中医药大学做博士生导师要招博士生,所以我就想借此机会把没学中药这顶帽子给甩掉。那时我已经工作8年,很多知识也忘得差不多了,怕考不上没面子,所以那阵子晚上看书复习到好晚,尤其担心是英语过不了关,因为是全国统考的,没上线就没戏了。

当时我们研究所有两人去考,都上线了。读博共3年时间,都要求脱产学习,当时在北京上课1年、在中科院昆植所做课题1年、回来写毕业论文1年,当时发基本工资,没有奖金。

博士导师指导其实一直都是随时随地的,第一年在北京上课,主要是由学校的老师负责,邹节明导师主要负责指导如何选题、课题设计方面。

三金片是公司主打产品,是老板当年在广西民间用药基础上研发的特色中成药,处方药味多为广西地产药材,上市几十年来,疗效一直很好,但也存在有中成药普遍面临的问题:确有疗效,但说不清、道不明。

菝葜是三金片的主要药味之一,而且菝葜单味药也曾做成金刚藤糖浆,治疗妇科盆腔炎效果也挺好。但研究基础较薄弱,所以当初选菝葜作为课题,一方面希望能对三金片的技术提升有帮助;另一方面也希望通过其化学成分研究,能有机会明确其药效物质基础和作用机制靶点,也为探讨新药开发可行性奠定基础,有"一箭双雕"的考虑。当初博士课题做得还算不错,毕竟昆植所孙汉董院士那边做植化研究的平台国内一流,通过研究基本明确了其中两大类主要化学成分。然后再回来开展质量标准研究,这方面是公司强项。

其实孙院士多次到我们公司指导工作，他都觉得像邹导师这类从实践中走出来的专家是很难得的，他们都很佩服。

博士生导师对学生主要还是以宏观指导为主，重点是对大方向的把握。在外学习时，每次回来，都跟邹导师汇报一次，一般保持一月一次，其间还有中期阶段总结，毕业论文答辩等。

记得那年博士论文答辩，我自认为课题做得比同学们好，觉得答辩不会有问题，但答辩前排练时，老板总觉得我不熟练，练到晚上12点多了，还说不行，后来那天晚上我整整练了一通宵，这件小事让我感觉到邹董治学风格非常严谨，追求完美，跟我们研究所墙上"精益求精，止于至善"的科研文化完全契合。

我们老板是20世纪60年代"文革"前毕业的大学生，本来水平就很高，又一直在企业摸爬滚打多年，企业有很多实际问题其实学校是见不到的，他积累了很丰富的经验，他能发现问题、又能找到解决问题的突破口，这也是典型的专家型企业领导很有共性的特点。

老板做事的认真严谨，让我印象最深的是陪老板参加广西科技进步奖和特别贡献奖答辩的经历。他一直是广西科技进步奖答辩委员会的大专家，见多识广，对我们写的申报材料用手写修改，改了一稿又一稿，足足改了十几稿！还教我们怎样做PPT，本来这是年轻人擅长的，但老板以他多年当评委的经验，教我们怎样改。

记得那年去北海答辩，是吕总带我们提前一天去打前站。到北海后，吕总说我们今晚赶紧去吃点儿海鲜，明天老板来了就不一定有得吃了。果然第二天，老板一到，就说我们简单吃碗米粉吧，要抓紧时间练习。我心里暗想，好在吕总有先见之明，不然来一趟北海连海鲜都没得尝。

后来在南宁答辩也一样，老板一定要熟练到把汇报时间精准控制在结束前十几秒内，因为答辩一般时间15分钟，老板他经常参加答辩有经验，一定要熟练到14分50秒左右，不能超时，老板抓紧时间练习，我们在旁边陪着，一直演练到晚上12点过了，他见我们几个年经人都打瞌睡了，就让我们先撤了。第二天一早，听老板说了才知道，我们走后，他又练到凌晨1点多才睡，早上5点多就醒了，又独自练了好几遍，已经滚瓜烂熟了，尽可以放心了！

老板作为研发第一完成人亲自答辩，评委专家也被老板的敬业精神感动。因为这些答辩经历，导致后来我每次要做PPT汇报，也无形中养成反复看了又看的习惯。

我可能是被老板"骂"得最狠的学生，当然，也许是我们邹导师对学生所谓的"骂"是不同的教导方式，大家也都安慰说老板"骂"你越多越是喜欢你，有次（邹）洵总跟我讲，他去老板办公室十次有八次也是被"骂"出来的，听了这话稍令人感到些许安慰啊。

老板思路太快，见得多，懂得又多，我们经常跟不上他的思路节奏，于是他就着急了。记得有一次几个人一起去汇报工作，被"骂"得好惨，临走时，他安慰说"你是我学生所以我说得狠了点啊"，我脱口就说，没事的，习惯了。说老实话，老板对我们学生都挺好的，给我们提供很多机会，送我们去进修，带我们去报奖，推荐我们去申报各种荣誉，包括"广西十百千人才"称号，这种称号一般高校老师得的多，企业能得的很少，我是2014年得的，这个真的是沾老板的光，因为老板带着我做的项目获得了科技进步奖，这很关键。还有桂林三金这块金字招牌，包括后来向国家推荐申报"国家百千万人才"称号，能得更是纯属意外。这些称号奖金、津贴、科研经费倒是次要的，三金不差钱，重要的是给我们提供了交流平台。省里每年会组织青年专家去进修，互相学习，共同成长。比如说2014年在浙江大学为期半个月培训，当时是广西人社厅第一次组织中青年专家集中培训，邀请了浙江、上海知名专家给我们上课，组织去钱江新城高新技术企业参观学习，感觉挺有收获的。

坦率讲，在三金，我得到很多，但贡献还不够，挺惭愧的。老板是我们学习的楷模，他做事很执着、真心热爱中药事业。他经常说，自己一辈子只会做中药这一件事情。其实我们觉得，他如果去做教授，也一定会是一流教授；如果去做官，也一定是为民的好官。他真的是全身心在专注做好一件事，而且言传身教指导我们。记得我们聊天时，他教导我们年轻人心胸要开阔些，不要太过于计较，好人总会有好报。他说自己当年"文革"时期大学毕业分到这边来，怎么也不会想到三金能做到今天这样。现在我们年轻人，总觉得现在搞研发太难了，没有信心，但老板一直信念很坚定很执着。

记得有次为了写专利维权的材料，晚上在他家里请教，他把他家书架上有关的书都查阅了一遍，教我们怎么认真组织材料，一直忙到凌晨两点，看着让人很心疼，所以跟着老板，你做事不认真还真的都不好意思。

其实目前老板已带了 4 个博士、3 个博士后，都做得挺不错，我觉得我们这帮做研发的都是老板教的，都算是他的学生。

（2016 年 12 月 31 日）

## 第十四章
# 父与子

> 夫医者，非仁爱不可托也；非聪明理达不可任也；非廉洁淳良不可信也。
>
> ——晋·杨泉《物理论》

2002年，邹节明第一次生病的时候，学校正放假，邹准从外面玩了回来，看见父亲在客厅走来走去，脸色不大好，通常父亲是坐在书桌前，那天确实有些不同寻常。邹准问父亲怎么了，父亲摆摆手示意他回自己房间休息，邹准刚好玩累了，也就没介意，回房间蒙头大睡。第二天早晨，邹准被叫醒，叫他的人说："你爸爸病了上医院了，你还在大睡？快去医院看看吧。"邹准这才意识到家里出大事了，于是起床跟着司机去了医院。在医院，邹准看见平素见得不多的亲人们都来了，治疗室的门关着，叔叔姑姑们都站在治疗室外焦急地等待，大家的脸色都不好。

在此之前，邹准心目中的父亲是像铁人一样强壮和健康的，每天工作到凌晨两三点是常态，他没想到父亲真的会大病一场，令他更没想到的是父亲在他晚上回家时就病了,却一声不吭坚持到第二天上班到单位才倒下。想到这里,他心中倒吸了一口凉气。他走到母亲身边,他知道母亲需要他。邹准的性格温和沉着,尽管大家都说邹准长相身材都像母亲家的人,但邹准觉得他的沉着更像父亲,只不过,他不会一辈子只关注工作,他有许多爱好,他想人生应该丰富多彩。

因为是父母的小儿子,父亲对邹准似乎没有多少苛责,母亲对邹准更是多一份怜爱。邹准学习成绩一直不错,他性格温和从不反叛,虽然从小学到初中都在普通学校就读,但高考成绩却是名列前茅,顺理成章报了父亲的母校武汉大学,还选择了武大最好的学院之一生命科学院,学习生物工程。录取通知书送到家的时候,所有人都相信,邹准这是要子承父业。与此同时,所有的人也都认为,邹节明一定更喜欢这个小儿子。要知道,太多的富二代要么不成器,要么不愿意学习父母的专业,像邹准这么乖的孩子还真少见。

与邹准相比,哥哥邹洵与父亲的交流就没有这么和风细雨了。有一次,邹洵去邹节明办公室,刚好遇见邹节明的博士生周艳林垂头丧气地从那里出来,邹洵立刻明白了三分,他拍拍周艳林的肩膀说:"别在意,我去董事长办公室汇报工作,十次就有九次是被怼,我们理解吧。"周艳林点头,那一刻,他们还真有些难兄难弟的感觉。

邹节明说,邹洵是老大,长子就应该承担更多,带好头。邹节明自己就是父亲的长子,他一直承担着整个大家庭的一切。他认为,他的长子邹洵也理当如此。

修身、齐家、平天下,是中国古代对君子的要求。深受传统思想熏陶的邹节明,家教严在三金是人人皆知的。邹家的格局一直是传统的严父慈母模式。

## 第十四章
### 父与子

邹洵长得像父亲，性格中也承继了邹节明的倔强、要强和不服输。

长期以来，邹节明忙于科研和工作，照管孩子少，家庭生活全部由妻子打理。邹洵与母亲的关系一直非常好，他是孝子；而与父亲，则更像是两个暗自角力的男人。邹洵考大学前，因为一个小细节，让邹节明难以原谅，以至于邹洵上大学三个月，邹节明都没有给他写一封信。于是，处于青春期的邹洵，选择了要做的比父亲期望的更出色来回应。"决不求父亲，要让父亲看到，不求他自己也能过得很好。"

令邹洵感受深刻的还有从小学到初三，他身上是没有零用钱的。高中开始，因为学校离家远，中午不能回家吃饭，一周才有几十元的零花钱。

邹洵到南京上大学是自己一个人去的。儿子第一次出远门，邹节明给他一学期的费用只有2000元。邹洵当时认为不够，因为除了学杂费，初到异地总要购置生活日用品。但邹节明说，当时一般单位的员工月工资七八百元，一个学期三四个月2000元应该够了。"晚上妈妈到我房里哭，心疼我，塞给我一沓钱，我脾气倔，坚决不要，结果第一个学期结束我居然能坐飞机回家，说明当时钱还有剩余，现在想想当时自己还蛮厉害。"

邹洵读大学的时候还没有"富二代"的说法，而当时一九九四年、一九九五年三金的条件已经很不错了，但邹洵就是没有富家子弟的心态，他天天到食堂吃饭，为了省钱，还和宿舍的同学搭伙，一个人打荤菜、一个人打素菜，搭伙吃，两人就都有荤菜、素菜吃了。"这样的日子现在想来不可思议，但当时也这么过来了，我想这和我们从小不讲究吃穿的家教有关。从小父亲对我们教育比较严苛，但这样也造就了我们能吃苦、不讲究、不攀比的性格。"

1995年，邹洵得知母亲患病需要到北京做手术的消息，他心急如焚，立即买票，从南京坐了11个小时的火车硬座到北京看望母亲。作为长子，邹洵目睹了母亲的艰辛。"我母亲很不容易，以前家里从来没请过保姆，里里外外的家事她都料理得干净利落，还要带大两个儿子，所以我们两兄弟和母亲的感情都很好，很多话也许不和父亲说但都会告诉母亲。"

1995年，在北京的医院病房里，邹节明见到了风尘仆仆赶来的儿子，心中顿时爱怜和欣喜交织到了一起，他心疼儿子11个小时车程的辛苦，又为儿子的成长备感欣喜。"长大了，不仅有孝心，也有责任心了。"

邹洵说："我想母亲40多岁就得了帕金森症，心理负担一定比较重，但她是个很要强的人，在治疗期间，她一边吃药一边坚持上班，即使是现在，能不依靠别人的事她都坚持亲力亲为。"说起母亲，那永远是邹洵心中最柔软最温暖的所在。

如今，邹洵也做了父亲，他与妻子育有一儿一女。邹洵说，因为从小到大对父子的沟通模式的感触，他有意识地注重与儿子的沟通。"但也不能说老爷子与我们的沟通方式错，正因为父亲与我们心平气和地交心的交谈比较少，所以我们印象更深刻，对他的劝诫引导也思考得比较多，对我人生价值观的定位有很大帮助。"

进入2017年，刚刚得了一个孙女的邹节明一直沉浸在天伦之乐中，他说，他有时候看见邹洵带着儿子开心地玩耍，心里面也会生出一丝遗憾。如果当年他没那么忙该多好！他也很羡慕邹洵与儿子这样的父子交流。

然而，邹洵说，父亲这一代人不大可能有这样的选择。"记得那年父亲身体出了状况住院，医生问他平时有什么锻炼，他说走路，医生说走路是有氧运动，很好。又问他还有没有其他业余爱好，比如钓鱼、摄影等，父亲想了半天说没有。他这一辈子的确没别的爱好，过节除了除夕和大年

## 第十四章
### 父与子

初一，他能和我们看看电视聊聊天，初三以后就把自己关在书房——到现在也是这样，每天晚饭后休息十几分钟就又回到书房了，他把工作当作人生乐趣。"

弟弟邹准说，父亲也没有必要自责。"其实，我很习惯家里每个人静静地忙自己的事情，如果改变了，很热闹，我反而会觉得这不像我们的家。"每当有人说起邹节明拉二胡和种花的爱好，邹准都说，父亲的爱好只是传说，反正他没见到过。反而父亲坐在书桌前的形象倒是刻在他的脑海里，因为这是他眼中父亲的常态。

2012年的一天凌晨两点，邹洵被一阵急促的电话铃声叫醒。"我当时吓了一跳，第一反应是我妈身体有什么问题了，因为她一直身体不好嘛，当时我们在一个单元住，我住9楼，他们住11楼，我马上起床，穿着秋衣秋裤披了件外衣就上了楼。"邹洵一出电梯，看见家里大门开着，连忙走进去，就看见母亲站在房里。邹洵提着的心稍稍放下了一点。但紧接着他听见母亲说："快，你爸在地上起不来了。"邹洵心头一紧，立刻冲过去，就看到邹节明躺在床边的地上，"我的脑袋就嗡的一下，赶忙要扶他起来，他一边的手和腿已经活动不灵了，但老爷子要强，坚持说自己没问题。我赶快叫来表哥，做了两个小时的工作，才哄着他去了医院。说实话，我当时从来没想过他会犯病，因为他一直很健康"。

邹节明被送到医院，医生说是太累，身体长期透支了，幸亏送医及时，医院立刻对他进行了治疗。当天晚上，他的腿就能动了。经过一段时间的治疗，邹节明的情况逐渐好转。征得他的同意，邹洵又把他送到南宁做康复治疗。"在南宁做康复治疗时，陪同人员常说父亲非常有毅力，每天早晨做的功能锻炼枯燥又辛苦，但他一直坚持不放弃。康复治疗了一个半月就差不多好了，就回家了。我常想他的毅力、意志力，我们真比不了，可能和从小的生活环境有关。"

经历了父亲第二次生病的邹洵，回头再想小时候父亲对他们管得少，一下子就有了新的答案："一是因为老爷子当时的心思都放在工作上，二是和他本身的成长经历有关，他认为读书就是自己的事。我奶奶去世得早，我父亲从小比较自立，学习比较自主、自觉，从小喜欢读书，成绩非常优秀，尽管家庭成分曾被误解，影响了他升入知名高中，但他还是靠自己的勤奋努力考上了武大，上大学后年年拿助学金基本不靠家里的资助。这些都非常不容易。"

父与子以这样的方式沟通看起来是现代教育与中国传统的冲突所致，其实，共同的DNA是直抵他们内心的链接。因为血脉相传，所以特别较真。

2008年底，邹洵从澳洲辞职回国，他花了三年的时间适应国内的环境。"我记得到公司上班老爷子给我提了几个要求，其中一个是要把国外的那套予以控制，在国内生存必须适应国内的环境，另一个是每天晚上7点之前不能进家门，他说公司那么大，事情那么多，你如果每天按时5:30就下班，那一定是没有用心做事。不知不觉我现在已经养成了晚上7点以后才会离开办公室的习惯。"

回国后的邹洵给自己订立了目标，比如花5年的时间超过国内与之一起毕业的同龄人，正常工作任务之外，每年要做三件大事、三件小事等等。进入三金后，他先到董办做管理员，后来担任了一年证券事务代表，又到三金的一个子公司金可公司做了两年多执行董事。全面了解公司运作后邹洵被调回总部，邹节明把邹洵交给他的老搭档王许飞总裁，请他手把手调教邹洵。王许飞让邹洵先做副总，分管投资、董办、企管等部门。

2014年，邹洵升任常务副总，开始涉足生产、技术、工程建设、财务方面的管理。邹洵认为自己的短板是生产和技术，分管工作的过程也是学习的过程。压力肯定会有，没有压力也不会推动他多做事。他与王总对于资本运作的兴趣非常相投，而与父亲邹节明，却一直在争论。父亲坚守以实体经济、中药制药产业为核心、为根基的医药产业为主业，资本经营为辅的理念，而邹洵在澳洲除了完成父亲希望他完成的会计专业的硕士学位，还悄悄地攻读并完成了国际商务和金融投资方面的硕士学位。资本的魅力，令他心向往之。

"我从2010年回到母公司就开始做投资。没学金融的人往往认为投资就是给人家钱，收购人家，实际上投资有很多细分领域，在一个方面做得好，不一定在其他方面做得好，国内的环境和国外差别很大，要做好投资，需要了解国内的运作模式、市场规律，因此我也花了很多时间了解国内投资领域的规则和做事方式。收购上海宝船只是我这些工作中很小的一部分而已。"

邹节明说：人的生命是有限的，但企业的生命是无限的。企业不能因为某个人或某几个人的原因迅速发展或衰败，他希望企业有个自我消化、自我控制、自我更替、自我发展的过程。人无法改变自然规律，到一定的年纪，精力、体力不可避免会衰退，他不希望这个衰退影响到企业的发展。

邹洵说，他回国是为了完成邹节明的心愿，他必须把责任扛起来。

"我和父亲一直商量对弟弟的栽培，他比我小4岁，我现在对公司了解得比他深，管得比较全面，只是因为我比他早几年回国，并不意味着他能力差。我弟弟学技术出身（大学学生物），如果只管技术对他的发展来讲会比较局限，从公司发展角度，我认为研发固然重要，但公司生产、营销也很重要，因此就把他从技术部门调到营销部门锻炼，目前他已经是公司的营销副总了。"

从一开始，邹节明就让他的两个儿子都从企业基层做起，因为只有真正了解了三金，他们才会一天天成熟。他先后把两个儿子交到王许飞的手里做副总裁，希望王许飞能严格要求邹洵和邹准，历练他们。没有三金创业一代人的传帮带，两个儿子的成长将是有缺憾的，他期望两个儿子做得比他更好。

距离邹洵回国八年后，王许飞有次作为广西人大代表到自治区政府参加人代会，遇见广西科技厅的老朋友，老朋友说："邹洵的身上有你们两个的影子。"王许飞感慨地说："邹洵回来有八年了，开始在金可保健品公司当执行董事，一步步做上来，这么多年，我感觉他确实成熟了。"的确，不仅仅是王许飞，外界的评价也说邹洵"跟以前完全不一样了"，都觉得他成熟了。

在三金与父亲共事八年之后，邹洵说："我从来没想过要超越父亲，从小到大，他的成就都让我很钦佩。他本身不是搞管理的出身，是搞技术起家的，他当厂长时，我已经10岁了，记得当时经济条件都很差，到了1989年、1990年时，公司面貌已经发生了很大的改变，他的转型，从技术型到经营管理型做得非常好。在我的心目中，他的成就是高不可攀的，虽然我从来没有想过超越他，但我是在他的肩膀上，在他的基础上往上做，当然要求成绩应该比他好。"

邹洵的目标从一开始就不低。

而邹节明对三金高层管理者的期许也是普通人难以企及的，他认为三金的领导者应该是有抱负，敢担当，是各发展时期、阶段的创造者，忠诚中医药事业，有魄力，行动果敢，有决策力，有远见，思想具前瞻性且务实，有激情，创新超越不间断，有追求，能与员工同心同德共谋发展。能达到这个标准的就可以来竞争,即使是他的儿子也不能有例外。

2010年,邹准在澳洲完成学业后回到桂林,进入三金集团。与哥哥邹洵一样,邹准先从基层做起,如今已是公司的营销副总。

邹准说,他与父亲不一样,他有许多爱好,但有一点他又与父亲一样就是不爱社交。还有,他喜欢做实业。大家对邹节明的评价常常用"低调"二字,对此,邹准也有自己的看法,他认为与其说父亲"低调",不如说父亲"务实"更准确。他喜欢务实,也愿意成为一个务实的男人。

作为邹节明的长子,看着弟弟的成长,邹洵很高兴,他说:"如果将来有一天,弟弟或其他人比我做得好,能完成父亲的心愿,我会很开心。那时,我也可以过我自己想要的生活了。"


口述实录:父亲邹节明
口述者:邹洵

  首先对我来讲,父亲和三金是可以画等号的,在我18岁以前,我是住在公司大院里的,在我的印象里,三金和父亲是对等的,我父亲做事很拼,我从小就看到他趴在工作台上写报告经常到凌晨两三点,他把这一辈子都奉献给了三金。

  从家庭来讲,我父亲这个人不能算是个很称职的父亲,我从小到大,他真正管家里事、管小孩的时候不多,管我们学习、生活的更多是母亲,父亲更多给予我们一种目标性的、方向性的指导;父亲重传统,对自己要求比较高,对子女的要求比较严,对越亲近的人要求越严,对外人反而宽容一些。

父亲在生活上，家庭里包括观点上、生活习惯上都是一个很传统的人，我印象比较深的是父亲不喝酒，到现在为止，基本上都不沾酒，我们家过年过节酒都是不上桌的，所以我们都养成了基本不喝酒的习惯，我和我弟弟酒量都不好，后来工作以后，在国内的环境里面工作还是讲感情和应酬，才学会喝一点。

父亲这个人在家里有点儿大男子主义，家里基本上以他为主，他说了算，做事他不管，但方向必须他定，必须按他说的走。举个例子，我高考那年，我的第一愿望是学医，想学外科；第二想学金融，想学管理。但我父亲没让我学医也没让我学管理，他做我工作，给我分析，诚然学医不论在什么年代一般都不愁吃穿，生活相对稳定，但医生在中国的地位比不上国外，要熬资历，哪怕是名牌大学毕业的高才生在40岁以前都是积累经验的过程，没人愿意相信你，40岁以后才慢慢崭露头角，这是行业特性，像你们年轻人读完书后都有一番抱负想大展拳脚，实际上这个行业不一定适合你。学金融学管理他也不赞同。最后让我学会计。高中时我们对会计没太大概念，感觉就是账房先生，戴个眼镜、拿个算盘拿支笔的形象，但他跟我说，实际上会计不是你过去想象的，你以后如果要从事企业工作，自己创业、做生意的话，必须有会计的基础和背景，国外的大公司老总都有财务背景。当时虽然我不太愿意，但还是被逼着学了会计。学完会计之后，我又在澳洲另外读了国际商务和金融投资方面的学位。我父亲就是这样，他定的东西一定要按着他说的做。出来工作后，我自认对投资、金融更感兴趣，但会计专业的背景在工作中也用得上，比如看一个项目近三年的报表，我可以从会计报表中发现一些隐藏的问题，会计的专业背景让我对风险的把控会更敏感。

实际上，虽然父亲引导我以主业为主，以实体经济为主，但我们在国内还是做了一些投资领域的创新，有的东西三金很早就开始做了，然后人家才慢慢跟上来，当然人家跟上来后在我们的基础上又有新的改良和发展。比如2010年，我想在桂林推政府引导基金，当时国内已经有这样的概念，但做的省份和地区非常少，我们当时在桂林推不动，去广西壮族自治区政府也推不动，我们当时提出的观念他们没有接触过。后来我们到湖北帮湖北高投（和湖北省政府、湖北科技厅、国家发改委一道）建了第一只政府引导基金，之后，湖北高投在我们的基础上又建了16个并列的分支基金，现在运行得比较好。

湖北高投原来属于湖北科技厅下面的一个投资平台，成立之初是做转贷，承接国开行的低息贷款，再分给需要扶持的企业，他们赚利差。到2009年、2010年时这种模式做不下去了，必须创新。去年我又到高投，他们的董事长还说：当年他们为转型，坐飞机到处跑，鞋子都跑废了三双，谢谢三金，虽然当时投的额度不大，但帮助他们组建了基金模型，对他们后续发展给予了很大帮助，后来他们把这个基金模式复制，之后搭建了16个基金，以PE、VC为主模式（虽然PE在前五六年比较火，但在2010年还是比较新的），将资金投到湖北省相对比较成熟的、有科技含量的、准备上市的公司，获得了很好的发展。前年湖北认为投资对当地经济有很大的推动作用，把高投从科技厅剥离，成立了现在的厅级单位，这说明我们当初帮他们筹建的基金后面的发展是得到湖北省政府的认可的，目前他们管理的资金规模已达500亿，又开始了新的转型，响应国家号召做科技转化——成果基金——创投PE、VC——并购等"一条龙"业务。

我们在投资方面虽然动手的项目不多，但很多做法、创新还是比较早的。目前我们的重心更多还是在实业方面，上市后，应借助资本的方式快速地推进工业，我认为目前三金应以工业为基础、资本运作为辅的方式推进三金的发展，虽然前几年一些投资项目因为各种原因被否定，但不意味着三金在资本运作方面会停步不前。

我现在主抓投资、董办、企管、审计，协助王总负责公司全面工作。

我与父亲脾气性格比较相似，在一些大问题不一致时，也会发生争执，吵得凶的时候有时两个月都不怎么说话，但我们都是想让三金发展得更好，不是为自己的利益。所以即使争执得再厉害，也不会伤害双方的感情。有时候他和我意见不一致，但后来发现我是对的，他也及时调整，果断支持我，绝对不会因为自己的年纪和威望固执己见。这点还是很令人佩服的。

我的下属有时候开玩笑对我说我和父亲脾气挺像的，有时候像"翻书"一样，前一刻因为下属一件事做不好对他严厉批评，下一刻又因为他的另一件工作做得漂亮，马上进行肯定和表扬。我觉得这没什么不能理解，因为我这是"对事不对人"。

还有个印象比较深的事，我在澳洲待了七年多，父母唯一一次去看我是在我儿子出生那年。

当时父亲问我：你觉得人一辈子要花多少钱？我当时硕士刚毕业，对钱的概念也不强，就说：不知道，可能要1000万？

# 第十四章 父与子

2000万？大不了5000万？反正总有个度。他又问：假如给你1个亿，你想干吗？我一下子蒙了，不知道他问这个什么目的，下意识地回答：大不了换个好车、买套好房，天天吃好玩好。他接着问：那有了1个亿后，你还做不做事，做什么事？

我说当然要做事，不管上班还是自己创业，总要做事的。

他说：人这辈子再享受生活还是要做事的，想想看，很多人不愁吃穿，甚至下一代、下下代都衣食无忧了，为什么还有那么多人要做事？

他的话启发了我的思考，社会的发展进步需要人类的推动，要靠大家做出自己的价值社会才会前进，人生活在这个世界上一定要实现自己的价值，为社会贡献自己的价值，但不同的选择为社会贡献的价值并不相同，因此要想办法实现自己价值的最大化。就这样，老爷子的一席话成为推动我最后回国的一个重要原因。

到了2007年底，父亲就频繁给我打电话，当时我和夫人都在澳大利亚有了工作，收入不差，压力不大，一到周末就去旅行，生活过得有滋有味。那时候我也犹豫过，我知道如果回国压力会很大，要从头起步，但考虑到人生价值体现的角度，如果我在澳洲，能体现个人价值是有限的，在越成熟的市场机会就越小，生活就是复制，从很多留下来的留学生的状况我完全可以想象到60岁后的状态：两到三栋房产、一笔存款、几十万养老金、孩子不在身边。但在国内就不一样，市场很大，机会很多，虽然机会和风险并存，但作为年轻人，我乐于挑战机会和风险。老爷子从小对我们的教育，如何体现自己的价值，没有努力庸庸碌碌过一辈子是可悲的，这些也促成了我回国。

我当时回国还有个原因，就是我们家是很传统的家庭，"孝为先"的传统文化对我影响很深。虽然我在国外已经独立了，但总觉得还要尽孝。怎么尽孝？寄钱？父母他们不需要；对他们生活上进行照顾？以他们的经济条件可以请到更专业的人员。对我父亲来讲，精神层面的愿望比物质层面更重要，回国完成他的心愿就是尽孝。他的愿望是什么？就是希望三金能发展成为百年企业，我回来帮他实现这个愿望。

老爷子比较传统，对长子的要求更严更高。国外的职业经理人制度比较完善，但国内的职业经理人制度不够健全，职业操守没有准则，不够规范，信用制度没建立起来，还很不成熟，随着国内市场经济的发展，不排除今后在合适的时候选用职业经理人。

我和父亲做事的方式可能不一样，但目标是一样的，就是要把三金做成百年企业。怎么做？不进则退，三金一定不能固守陈规，一定要努力往前走。很多地方"一代创业、二代守业、三代败业"已成为一种规律性的魔咒，要打破这个魔咒，不但要一代创业，二代、三代都要保持创业的精神，做各个时期、各个发展阶段的创造者，不断进取，不断往前走，停滞不前就是倒退，一定要破除"守"的意识。

比如上海宝船，我当年极力推这个项目，就是从我们的战略出发，我们要做国内领先的医药企业，光停留在中药业是不够的，生物制药对我们虽然是新东西，但如果我们不跨出这一步，就永远不可能有突破。实践证明，这个项目这几年发展得不错，基本上按照当初收购的预想发展，三金目前还是以中成药为主，但毕竟中成药市场空间有限，而生物制药发展得好，可以轻松突破几十亿，这是未来的发展机会。

（2016 年 2 月 28 日）

## 第十五章
# 关于冬天的思考

去故就新，乃得真人。

——《素问·移精变气论》

2001年3月，华为董事长任正非的一篇文章《华为的冬天》在网上流传，做实业的企业家纷纷研读这篇文章以反省自身的短板，于是"冬天"自此超越季节，成为危机的代名词。

同为做实业的企业家，邹节明更懂得任正非的警醒是多么重要。

古人云：医通四时之气，辨百物之性。邹节明认为，实时为企业把脉是一个管理者不可推卸也不容小觑的责任。与任正非不同的是，邹节明研读古人医术，他相信对三金自身的病症应该更加了解，危机意识他每年都对员工讲，但渐渐地，他发现讲多了反而疲沓了，不能引起员工的重视了。读了任正非的《华为的冬天》，邹节明百感交集，任正非的文章如同一剂甘草，治三金的虚火正合适。

邹节明的头脑是清醒的。企业蒸蒸日上，他却时刻告诫自己"生于忧患,死于安乐"。他信奉这一古训,唯恐自己哪怕是不自觉地产生沾沾自喜情绪,那样企业就会走下坡路,失去竞争力。他努力将科学的机制、管理及经营思想引入企业,形成具有自身特色的企业发展理念:每经过3年到5年的快速发展,就应该进行一次深刻的反省,然后在观念、机制、科研、管理、营销等方面进行创新和变革,最重要的是,他要以"三金"的追求促进祖国中药事业的发展。

任正非适时地给所有的企业敲了警钟,也让邹节明意识到,是时候了,应该郑重告诫全体员工,危机时刻都在,我们是否还有方略应对。

经过认真反省和周密思考之后,2001年10月,邹节明下发通知,让全体员工学习任正非的文章《华为的冬天》。要知道,2001年,三金正处在第17个丰收的季节,员工们沉浸在欢乐声中,连续16年的快速增长,公司内外能听到的都是一片赞美声。有的人认为,三金是药企,做的是人们生活离不开的东西,大概不会像互联网企业那么容易遭遇危机。而邹节明认为,企业与人一样,赞美声听多了,就容易生"虚火",他引用《景岳全书·虚火论》说:"凡虚火证即假热证也……虚火病源有二……一曰阴虚者能发热,此以真阴亏损,水不制火也;二曰阳虚者亦能发热,此以元阳败竭,火不归源也,此病源之二也。"无论阴虚还是阳虚,都是病。还有,"春秋冬夏,四时阴阳,生病起于过用"。社会是个大机体,任何一方面发展过头了,都会引起失调,所以企业要想健康发展,还需"寒者热之,热者寒之"。

《素问·移精变气论》中岐伯说"治之要极,无失色脉,用之不惑,治之大则。逆从到行,标本不得,忘神失国。去故就新,乃得真人"。研读此段,邹节明体会深刻,不断地求新求变,才能保持企业良性发展的活力。

## 第十五章
## 关于冬天的思考

2001年10月，邹节明在三金"危机教育"动员大会上发表了语重心长的谈话，桂林三金厂区的天空，邹节明的声音在回响。

十七年来，我时时不断反省自己的企业，对成功视而不见，脑子里总是处在失败的思虑之中。1987年，我提出了"谁能预见明天，谁就能赢得明天"；1990年又提出了"眼睛盯着昨天是懦夫，盯着今天是平庸，立足今天着眼明天才是现代企业、现代企业家应有的胸襟"；从1986年开始，我们实施"每隔3-5年就要进行一次深刻的反省与改造，重新塑造一个新企业"，以此，推动三金不断创新、不断改造、不断追求新的目标。也许是这样，我们三金才安全地生存发展了十七年。常胜将军是没有的；人总是要老、要死，保健虽可延缓衰老，但终不能保人常生不死，这是生命的规律。企业也会这样，唯不同的是，坚持不断反省与改造，不断创新，企业生命是可以永恒的，这是十七年来的经验和教训。

现在，公司的太平日子太长了，创业初期的"磨难"这一宝贵财富几乎消磨殆尽，初期创业的人多已退休，和平时期进公司的人、升官的人太多了，好多员工盲目乐观、盲目自豪、盲目轻信，这也许就是我们三金的灾难，危机已悄悄降临。我们不少员工犹如井底之蛙，只看到我们在局部产品上的成功，长期听到上级领导、传媒的称赞就沾沾自喜，以为三金不得了，已是国内领先水平，却并不知道、也不去深入了解国内外著名公司的内涵，不知道国内外医药发展的走势，以及别人不愿公布的潜在成就。可见，三金还很年轻、很幼稚、很不成熟。

这十多年来，我们老喊"狼来了"，喊多了就不灵了，不信了。现在，狼真的要来了，倘若效益连续下滑，工资大幅削减，企业大幅裁员，甚至破产，三金人承受得了吗？三金人怎么办？居安思危，不是危言耸听。

九死一生还能好好活下来，这才算是成功。而今，三金还不能说成功，只算是在成长，或者说暂时的、局部的成功。

和平时间太长，没有磨难、挫折，并不一定是好事，磨难是一种宝贵财富。未经历磨难，未经挫折，没有跌打滚爬，怎能有见识？怎能练就一身本事？俗话说"好事多磨""失败是成功之母"，但同时，"成功也是失败之母"。长期的平安日子，使安于现状、不思进取、明哲保身、斤斤计较、追求享受等坏风气逐步滋生。务实而又创新的人少了，虚华、固守传统的人多了；"管闲事"的人少了，"老好人"多了；实实在在讲贡献的人少了，享成的人、瓜分好处的人多了……这些都是三金潜在的致命危机，发展下去，企业必然会垮。

今天，我们开始在全体员工中围绕提高三金核心竞争能力，开展自我反省、自我批判、讨论、研究三金有何危机与改进，你的部门、科室以及你本人的工作流程有何危机与改进，能提高产品市场竞争力到多大程度？提高产品创新程度多大？提高产品质量程度多大？降低成本多大程度？提高人均效益程度多大等等。只有我们反省清楚了，我们三金才可能有望延续生命。反省越清楚，改进越彻底，生命就越旺盛。

有人将企业比作一条船，冰海的一条船，能挽救这条船的，唯有你自己。每位三金员工都应认真反思：在三金的危机意识是否有那么强烈？是否传送到基层，是否人人都行动起来了？国内外昙花一现的企业，甚至众多实力强悍、曾有几十年繁荣的著名公司效益下滑、破产的例子难道不足以让我们引以为戒吗？

1995年，我曾出访考察过日本，日本企业曾有大的成功，但随后却因其体制的一贯制而失去了持续发展的活力。众所周知，日本用二三十年时间，就从二战的废墟中崛起。五十年代其经济主要靠军需订货和美国扶持起步，六七十年代其产业附加值主要在制造业上，并成为世界机电产品制造业的中心。日本经济迅速崛起震撼了世界,是日本民族无怨无悔、勤奋努力、不断奉献的精神创建了国家的繁荣。冷战结束后,美国迅速把军工技术转向民用,促进了信息技术的迅猛发展,由于信息技术进入工业领域,产业的附加值很快转移到核心技术研发以及销售环节,制造业竞争剧烈而获利微薄,以制造业为竞争优势的日本受到重创。六七十年代,日本的经济增长率达100%,而80年代后,以混合创新、知识生产率为中心的环境发生变化,日本企业体制并未随之变化,使其增长率锐减至4%以下;90年代,在市场经济全球化、知识价值增殖、信息化社会大发展的形势下,日本企业体制仍未根本变化,其增长率均为2%,这不禁为我们敲响了警钟,我们不得不深思:曾引以为豪的三金成长模式仍然那么可靠吗?

在日本经济飞速发展时期,美国认真研究了日本的弱势,针对他们的封闭政策,采取引进世界优秀人才,引进所有国家先进技术,炒旺股市,吸收全世界资金的对策。而日本则相对是单一民族国家,内部缺乏竞争,人民收入水平较平均,也抑制了竞争创新。日本虽已参加 WTO,但政府开放不等于市场开放,日本人民的爱国情结很深,出国乘日航,坐车乘日本车,这使得外国企业与产品在日本发展很难,从而不足以激活日本内部的竞争。只有激烈竞争才会促进创新。日本在创新上的不足,使原有的优势不能持续下来。倘若日本当时趁经济繁荣之机,实行多元文化,大量引进人才,振兴教育,破除平均主义,促进内部竞争,激发出新的能量,经济不一定垮下来。

随着日本企业长时间不吸收新员工,员工平均年龄逐步增大,人才结构由宝塔形转向纺锤形,优秀人才少,新生力量少,年龄大的一般员工多,使员工缺乏活力,而且工资成本较高;人才流动减弱,职位相对凝固,创新明显不足。

日本企业改革滞后,内部员工缺少必要的竞争。日本治安好,生活舒适、稳定,尽管已多年未加工资,也并未影响人们的安定与消费,相反由于日本国民忍耐、乐观、勤奋的精神,使其对生活和工作的热情未变,他们较安于现状地生活,连留学的都很少。但理性地说,这种安定,不利于企业改革。

近年来,尽管日本废除了年功序列制,终身雇佣制,加强绩效考核,企业内部在改组,重新划分结构,从一个大公司什么都经营,改为几大领域,各领域财务独立,共同品牌,分工负责,核算目标清晰等等,但观念与文化的固执保守,使这种改革见效不大。

日本一贯比较求稳,使企业经营者、各级领导年龄偏大,决策过程过于谨慎,许多重要决策必须一致通过,少数人通不过就拖着。这种安全性过大的决策拖累了决策的及时性,过于民主的决策体系不一定是好的。

不容回避的是,三金目前运作的组织结构是不均衡的,不客气地说,是低效率的运作结构。三金创业早期十分重视产品开发、营销快速适应市场,这是对的,那时只求有饭吃,哪谈得上科学管理。但是随着创业初期过去,这种偏向没有科学地根本转变,一些人只懂做具体业务,不懂也不愿搞管理,戴了官帽或调任新职,有了帽子却不称职,既缺乏统筹人才,又缺乏专业优秀管理人才。新部门组成了,却缺乏优秀的管理人才,部门的强弱不相称,形成瓶颈,不可能实现同步增长,这种偏废、这种虚有其表的状况不改变,三金的进步是空话。

三金暂时的成功,使得员工的待遇比较高,从而也滋生了许多明哲保身的管理人员。一种人是事事请示,僵化教条地盲目执行领导的讲话、指示,即使授了权,也仍然事事请示,其实质是怕丢了乌纱帽;另一种

## 第十五章
### 关于冬天的思考

人则是担责任的事就请示，对自己有利的事则该请示的不请示；还有一些人则属素质太低，对自己的岗位职责认识不清，处理问题水平太低，需要人手把手地教。目前，在三金的各级管理人员中，大多数执行的是对人负责制，我们提倡对事负责制，即依据流程与授权，以及有效的监控，使明白人具有处理问题的权力。只有对事负责，才能保证对人负责。此外，有了权，如何掌好权、用好权，也体现了他对事负责的态度，对企业负责的态度。

三金经历了十六年的快速发展，往后会不会遭遇低增长，甚至长期低增长？企业结构上与管理上存在什么问题？员工和平时期的快速晋升能否经得起失败与磨难？能否在长期严峻的困难条件下，不使企业处于完全地停滞……这些都是各级领导、全体管理人员要预先研究的。三金总会有严峻的日子，有准备，总比无准备好。

我们总说要迎接 WTO、三金要国际化，但我们大量的管理人员、员工甚至连英语也过不了关，从这些局部缺陷就足以看到三金的国际化多么困难，不克服这些困难，三金也会昙花一现，年轻人更要加大提高自己能力和水平的力度。

目前，三金管理上的职业化、规范化、表格化、标准化、电子化等现代化手段十分不足，公司管理人员绝大多数可以说是从青纱帐里出来的土八路，还习惯于用小米加步枪、打游击、埋地雷、端碉堡的方法来工作，不习惯职业化、规范化、标准化、表格化、电子化的管理。重复劳动、重叠管理、重叠签批、重叠请示还十分多，"肠梗阻"一样影响流程的及时畅通，这是影响效率的一个根源，希望在座的每位员工都深入剖析、认真讨论。

没有救世主，没有神仙皇帝。员工就是主人，就是神仙，三金的明天全靠我们自己。

邹节明的这些话像是战争时期指挥员的战前动员，让三金员工血脉贲张，深深地烙在每一位员工的心里。邹节明深知，创业难，守业难，知难则不难 。他就是要让每一个员工思考，只有时刻不忘危机意识，才能努力把工作做好，为企业赢得蓬勃生机。

三金集团党委副书记王淑霖还清楚地记得那年学习《华为的冬天》的情形，她回忆说："老板在很早时候就提出要不断地反省，要克服小富即安的思想。2007年我们的销售也遇到一些瓶颈，他说我们的行业地位面临下降的危险，不要因为公司改制完了，在桂林市都还算很不错了，就想着小富即安。他还对企业的地位及形势做了一些分析，要求我们从经营思想和敬业方面来改进，号召我们要从自身做起，从实际出发，求新争先，企业要有开拓精神和创新精神才能永续发展。"

总裁王许飞说："追求稳健发展，但也一定要创新的，如果没有创新，企业肯定走不下去。经济下行，就要开源，不开源不创新就没有发展，就没有增量。"

作为早期技术人才的王淑霖一直在技术一线工作，后来因工作需要，集团想调她做党务工作，王淑霖有些想不通，邹节明找她谈话说："有为才有位！政工工作也不是孤立的，人是最活跃的因素，只有人的思想通了，任何工作才好做。知识分子通常不愿意当别人的配角，如果有利于企业发展，主角与配角联合，形成跨部门服务的思想，这样就能实现共同的发展目标。"一席话，让王淑霖打消了顾虑，高高兴兴地转岗做员工思想教育工作、党务工作。几年下来，王淑霖感受颇深，她由衷地说："邹总善做思想工作，常常谋定而后动，敢想！把原先有可能出现的问题都预想好了。"

吕高荣，作为三金药业副总工程师，对邹节明危机意识理解深刻，他说，一个企业如果满足于现状忘记了技术创新，就等于自己走向穷途末路。

1988年，吕高荣从中国最大的专业药学院南京的中国药科大学毕业，直接被分配到三金药业工作。在三金的28年里，吕高荣一直从事公司技术工作。车间、质检、研发，所有的技术部门他都待过。

令吕高荣难以忘记的是他被提拔为质检科副科长那一年，当时三金很缺人，但是邹节明还是果断决定派吕高荣到中国药品生物制品检定所（现更名为中国食品药品检定研究院）去进修学习。听到这个消息，吕高荣简直都不敢相信自己的耳朵。要知道那时候在企业发展过程中派人出去学习还是很少的，更何况是派他去北京到中国最权威的药品生物制品检定所去学习，这让吕高荣兴奋得一时不知说什么好。他觉得这是个机会。邹节明找到他对他说："你专业是学中药的，专业背景不错，现在你做质检的管理，正好有机会去好好学习回来把化验室的检验水平提高一下，以后对你的成长有好处。"于是，吕高荣离开家到北京学习。半年的学习时间成为吕高荣职业生涯的一个转折点。吕高荣说，很多人在省级、市级的药检所学习，而他一开始就到国家级也是最高级的药检机构学习，真的很荣幸。跟着那些做质量标准最有名的专家学习，吕高荣受益良多。"这在我个人的成长过程中是个重要的经验，因为三金研发的主导产品多数以广西地产资源为依托，地产资源药材基础研究本来比较薄弱，技术上有很大的提升空间，这段进修学习经历对企业的技术发展和以后我从事的工作，是很好的积累。"一直到现在，吕高荣仍然因工作关系经常跑北京，那时候积累的人脉资源和技术资源对他来说也是很大的收获。

在北京学习期间，吕高荣还特别联系同仁堂、达仁堂等周边知名药企，与三金的技术人员一起去考察取经。在多方考察中，他也发现不同企业的发展模式不同，有些老字号企业更重视传承和商业运营，而三金更注重自主创新，用现在的话说是更注重创新驱动。

在天津达仁堂考察的时候，还有一个小插曲：当时一位技术科长接待了他们。没想到，这位科长跟他们介绍到一半的时候，忽然有人来找，接着那位科长就跟着来人走了。

左等右等都不见科长回来，吕高荣他们找到车间，发现因为一个粉碎机出了问题，导致车间停工了，那位科长正到处找人来修理。与吕高荣一起到达仁堂取经的是技术能人唐科建，他专业好，又非常热心。唐科建一看出故障的粉碎机的型号是352，正好三金也有这个设备，于是，他就立刻热心指导达仁堂的工人把机器修好了。这让那位科长特别感激，一再感谢三金帮他们修好了机器。

后来，吕高荣问唐科建故障处理的难易度，唐工说这个机器的问题并不是很复杂，但由于当时大家有点儿扯皮，都不愿意修才耽搁生产的。

这一经历，让吕高荣看到了国营企业人浮于事，多年不变的弊端，同时也让他对三金的未来充满信心。

如今，吕高荣已经成长为三金药业的副总工程师，他说："作为企业，我们经常讲三金是哑铃型管理，重营销和重研发。毋庸置疑，三金的营销做得非常好，包括财务以及各方面的管理也都很好，但我们最核心的竞争力是我们独家的、有知识产权的特色产品。其实我们国内的中药企业，包括一些很有名的企业，名声很大，有厚重的历史，但是他们的创新、自主产品并不多，他们做的大多是大众产品。三金为什么有这些独家产品？以我本人的体验，我是从生产过程控制，到研发，跟随着邹董，接触到他怎么设计研发管理。产品的溯源，更加能够体会到三金成长的过程。三金就是做一些有知识产权的品种，做一些创新的品种，这些品种开发出来之后的 10 年 20 年后又不断创新,这就是我们企业 20 多年不断发展的核心竞争力。"

创新固然重要,自觉反省也必不可少。反省和创新是贯穿三金发展全过程的法宝,也是邹节明从普通企业家迈向卓越的基石。

2011 年 5 月,有媒体刊文《"三金"的脚步为什么慢了》,三金居安思危,自觉反省,透视自身经年发展内伤,于 2010 年底开始的规范销售渠道的"破冰行动"再次引发社会舆论关注。

邹节明在接受媒体采访时说:"到 2008 年,三金的销售收入已接近 10 亿,这得益于股份制改造,但改革不是一劳永逸的,医药行业竞争越来越激烈,一些原来的竞争对手通过并购重组实力大增,三金自己埋头苦干滚雪球的发展模式有限,此时就要借助自身品牌和技术优势吸收社会资源去做大,企业壮大了才能跟人家在同一舞台上竞争,就像打拳击轻量级选手怎么去跟人家打重量级拳赛呢?于是 2009 年上市,三金又迎来大的发展机遇。事实证明,在三金的每一个转折期,我们的决策都是对的,那是因为我们清楚地知道三金的软肋在哪里。"

邹节明认为,从 1985 年开始,三金一直保持着近百分之三十的年均增长速度不易,但如此高速发展,也同时留下了一些暗伤,比方说产能饱和、生产、仓储分散,销售方面经销商串货等,而这些暗伤极有可能影响三金的进一步腾飞,所以刮骨疗伤十分必要。

2010 年底,三金"破冰行动"开始,实施"控制营销"策略,一举砍掉旗下 40 余家一级经销商和 4000 多家合作药店,彻底解决经销商违规问题,进一步规范经销商的市场行为,将部分扰乱市场、不诚信经营的分销商和药店从三金的供销名单上剔除出去。三金的行动逐步赢得市场上守规守法、诚信经营的经销商欢迎,他们纷纷收复"失地",销售渠道悄然疏通，市场进一步规范，邹节明把2010年"破冰行动"开始后的一个销售下滑期视作阵痛期，2011年第一季度报告出来后，他向媒体宣布："我们会用两到三年时间来整合营销，2010年阵痛期已经过去，现在已经开始了恢复性增长。"报告显示，三金一季度实现营业总收入、净利润分别比2010年同期增长12.09%和4.09%，三金控制营销的举措初见成效。

"三金为什么要放慢脚步？我始终认为，做企业要居安思危，企业发展好时，不要头脑发热，一定要清醒，适时把拳头收一收，蓄积力量，厚积薄发，打好各种基础，为今后大发展铺平道路。作为企业来讲，往前增长一定要实事求是，该快的时候要快，该慢的时候，该准备后劲的时候一定要慢下来，如实做好准备。拳头该收回的时候不收回来，企业是没有后劲的，是要出危险的。""破冰行动"收官之后，邹节明如是说。

# 第十六章
# 厚德载物

> 震亨曰：甘草味甘，大缓诸火，黄中通理，浓德载物之君子也。
>
> ——明·李时珍《本草纲目·甘草》

2001年秋天，从广州中医药大学研究生毕业的江西新余人钟小清到三金研究所报到，他是经过桂林三金优选的中药资源学专业人才。到三金后，他先到基层车间实习，实习期满定岗研究所。小伙子心中很高兴，这不是他第一次走上社会工作岗位。几年前，他从江西中医学院中药学专业毕业，在老家的一家医院的药房干了两年，后又考上中药资源学专业硕士研究生到广州中医药大学就读。他的导师是华南农业大学林学专业毕业的，钟小清的专业侧重中药资源种质资源的繁育及野生转家种质量评价。邹节明一直说三金的研发依托广西丰富的壮瑶民族用药就地取材，广西中药材资源丰富，选一个侧重种植的中药资源学硕士又是出于怎样的考虑呢？

钟小清到研究所报到后没多久就开始上山下乡、拿着剪刀采标本了。像许多从学院毕业的年轻人一样，他发现书本上的植物图谱描述的形态与植物野外的形态并不是完全一致的，按图索骥是肯定找不准新鲜中药材的，他心中"顿时很崩溃"。钟小清说："你在山上见到的是反映生物多样性的东西，但在书本上都是标准化的东西。就像书上说采5-10厘米，到底是5厘米还是10厘米？都是极端的过程，实际上往往取七八厘米这样的中间值。我觉得要认识一个药材，必须看得到它的枝叶、花果，这些能反映药材最主要的特征，往往需要不同的季节多次进入山里考察，而图谱所能反映的常常只是植物某一个时期的形态而已。"

令钟小清记忆深刻的那一天，还是他接到董事长秘书的通知说董事长要见他，这让钟小清有些忐忑："因为董事长本身就是学药用植物专业出身的，是大内行大专家。这么多年来他自己也跑过不少（野外）地方，公司用了很多广西地产中药材，那是深入了解了它们才用的。"董事长邹节明是内行，又以严谨著称，虽然说钟小清在学校学的药用植物专业理论知识都能信手拈来，但实践经验欠缺仍令他心中底气不足。一想到这些，钟小清就手心冒汗，非常紧张。

而邹节明一见到钟小清，马上就开门见山地说：我看了你的简历，你是乡下出来的孩子，能吃苦耐劳，公司的发展需要药材资源方面的专业人才培养，所以公司考虑后决定安排你干资源调查研究这个事。希望你能把这个工作坚持下来，学好以后肯定是会非常有用的，现在不要着急着要怎样怎样，很多东西是需要时间沉淀的。接着，邹节明把自己相识多年的老朋友，有着广西中草药活字典、草药王之称的专家张超良请来，让钟小清拜师，勉励钟小清跟着老师好好学。

从此，钟小清开始了他在三金"上山下乡"的职业生涯。

## 第十六章 厚德载物

"刚开始出去的时候，野外的东西很新鲜，而且很多东西都不熟，多亏老师手把手地教，这其实也反映了我们中医药师承传承的特点，很多东西没有师傅带徒弟手把手地教，光靠自己学太难了，还会走弯路。"野外工作很艰苦，钟小清记得跟老师学习野外药材资源的那几年，每个月都有10-15天的野外工作，不是进到深山里采药，就是找当地民间的草药医生，了解这些药材是用来干什么的，在当地有没有应用基础，然后再思考科研过程中遇到的问题，治疗某些病用这些药是否合适；还有最为重要的是药材要解决资源可持续发展问题。钟小清说："我就像重新学习、认识这些东西。后来我意识到，公司开展这个工作实际来源于董事长一个理念，来源于民间使用历史的东西更能保证它的有效性；另外，中药发展的核心之一就是中药材的源头，如果药材品种不对，会影响药品的疗效。"

野外学习让钟小清积累了经验，后来公司要考虑到哪里找种子培育中药材，钟小清就手到擒来地做了一些野生药材转家种的前期工作。"三金片当年本来就来源于民间，我公司目前生产产品的原药材来源大多以民间为主，后来我们在生产过程中也越来越认识到原料控制的重要性，于是提出了药材抚育的理念。"

钟小清坦言，做这个工作开始的时候是非常痛苦的，但后来慢慢地开始整理当年采药的标本时，发现已经采到了几千份标本，就感觉总算看到了点成绩。后来北京的专家来，钟小清带他们去野外采药，能很容易地帮他们解决问题，于是就开始有了成就感。"人家是大专家，他们找不到的，我能找得到，还是很自豪的。通过几年的锻炼，我对广西的药用资源分布、广西的风土人情有了很多直观、形象的感受，后来我可以自信地说：一般的广西人没有像我一样走遍广西，一般的广西人没有像我一样了解广西，我了解广西比了解我的家乡江西还要深。"

起初，与钟小清同期来到三金的年轻人见钟小清经常野外出差非常羡慕，后来他们中也有人强烈要求与他同行去下乡的，但只去了一次后就再也不敢提第二次了。

"我和老师学习的那几年，就是吃住都和老师在一起，切身体会各地的风土人情，我们把广西的88个县市全部走遍了。记得第一次去的是大苗山，当时很气馁，我一去当地乡民就开玩笑说你们到我们山里干什么呀，我们漂亮的姑娘都到城里去了，所以感到气馁（玩笑）；第二个气馁是我看到的药材植株相似的，却发现不是我以前在书上看到的东西；第三个气馁是走到山上发现自己经验不足。当时正值夏天，有一次我走到山下感觉口很渴，看到村民用竹子引下来的水就直接喝了，还说当地人真好，还用竹片把水引下山，谁知道上去一点就见识到了所谓的广西梯田，也才发现我刚才喝的是梯田里的水，好在令我安慰的是，当地人用山泉水浇田，水从山上下来经过了层层过滤，我虽然喝的是田里的水也没出问题。"

广西十万大山，仅爬山一项就令许多人望而却步，更不用说餐风露宿了。那份艰苦，钟小清至今也难以忘怀。"说实话，做这个工作开始的时候是非常痛苦的。第一次去元宝山，地方偏远，半路上车又坏了，晚上9点多才到目的地，没有住的地方，当地农民腾地方给我们住，我现在都还记得那里有个叫'香粉'的地方，当地生产香料，我们在那里待了半个月，那么大的村子没有公路，我长那么大还是第一次走到没有通公路的地方，我们从早上8点出发，一直走到下午3点，非常累。"

让钟小清难以忘怀的还有，老师张超良经常告诉他，这个地方邹节明来过，或者曾经某一天与邹节明一起采药他们探讨过什么问题。

几年之后，钟小清的皮肤被太阳晒得黝黑，经常背着蛇皮袋子行走在山间小路上，看起来与山里的老百姓并无二致。他还学会了如何与乡下农民打交道,他们有自己的纯朴,乡下的土酒和农民兄弟的烟,这些是与他们打交道的基本技能,因为师傅说你不接受他们的这些待客习俗,你很难融入他们,上山采药迷路了都问不来路。

说到采药迷路,钟小清还真遭遇过一次险境。"我记得第一次快哭出来的时候。那一次走到中越边境,当时边境有管控,这边有武警,那边也有人把守,好像就是现在的'龙光口岸'附近,走到那边后没有车了,手机也没电了,我们3个人迷路了,我第一次在那边看到了很多无名烈士墓。老师还吓唬我们说他当年采药差点儿回不来,还有人被(越南)抓住关起来什么的。那天我们一直找路找到下午4点多,那边天黑得早,当时心里真的有点儿慌,好在老师有多年野外工作经验,他是经过风浪的,还比较稳。后来老师带着我们一直顺着水沟找,终于找到了农田,才最终脱困。那天我眼泪一直在眼睛里转不敢流下来,心里非常委屈,觉得做这个工作真是太委屈了。"

第一个阶段工作结束后,钟小清和他的老师张超良一起去见了邹董,汇报他第一阶段的学习。钟小清清楚地记得当时的情景以及掠过他心头的一阵阵波澜:"做了这几月以后发现自己还是坚持下来了,这么多苦也都能吃下来,我真的是百感交集。"这时候钟小清才意识到"一般在企业里这种情况很少的,为了培养人,专门请一个人去带,确实要投入很多成本"。

对于这一点,1988年毕业于南京中国药科大学,毕业后直接进入三金药业工作,如今已成长为三金药业副总工程师的吕高荣深有体会:"邹公做这个事对行业、对企业来说影响比较长远,但短时间内是看不出明显收益的。好多企业不会愿意投入人力、物力、财力去做这种事,但这个工作需要传承,我们公司博士、硕士也有不少,但像这样用传统的师带徒形式培养的就钟小清一个。我们一般出去学习,大多是老师上课集中教,他(钟小清）这种学习方式和我们大家都不一样。"

那年春节钟小清回到老家，父亲看着儿子黑黝黝的脸，心疼地说：好不容易从农村考出来读书进到城市，结果工作又"上山下乡"，还不如跟我回家卖空心菜呢。钟小清听了，只是笑。他知道自己已经爱上了这个工作。此后，每当有人再提这个工作辛苦，钟小清脑子里就会回响起另一个声音："希望你能把这个工作坚持下来，学好以后肯定是会非常有用的，现在不要着急着要怎样怎样，很多东西是需要时间沉淀的。"这是董事长邹节明的声音，这个声音让钟小清心头的万千情绪顿时平复，他相信邹节明的深谋远虑和真知灼见。在学校所学的经典"医者，仁也"说的就是像邹董这样的人啊，学医学药的人一定要有菩萨心肠才能把事情做好。与老师张超良上山采药学习的过程需要耐心，还需要修行者的平心静气和对人对物大爱的情怀。

钟小清说，走广西、贵州、云南的边境都非常艰苦，后来当他看到温家宝回忆胡耀邦的文章时，对"看到水却没有水喝，你才知道什么是痛苦"的描述非常感同身受。广西、贵州、云南三省交界的地方是中国油菜花最美的地方之一，很多水都直接流到了地下河，当地村子里却极度缺水，生活条件非常艰苦，老百姓喝水都要靠水窖，水存放久了都有股味道，但就是这么艰苦，当地的居民却没有离开。钟小清一边走一边慢慢体会这其中的道理："这大概就是所谓的故土难离，所有这些你只有到实地看了、感受了才会了解。"

行走山中，钟小清偶尔也会体验一把游侠之闲情逸致，因为武侠小说中的情景会不时出现在眼前，传说中的"一剑封喉""迷魂散"，还真有草药与之相对应，看来金庸古龙对中草药也颇有研究，这让钟小清更添敬慕之心。啥叫博大精深？我中华中草药文化才是真正的博大精深。传承的功课做多深持续多久，可不仅仅是邹公那一代人的责任。他由此意识到自己闯入的世界多么神圣多么丰富多彩，他越是沉迷其中就越是敬佩邹节明的眼光与胸怀。

就这样，钟小清上山下乡坚持了七八年，后来，每逢北京专家到桂林，三金就派钟小清陪同采药。北大"肉苁蓉之父"屠鹏飞教授与钟小清一起采过一次药后就跟邹节明说：你们那个小伙子很不错！

十几年过去了，广西4000多种中药材，钟小清说他大概见过2000种。全国中药材资源普查很多年没做了，现在做这方面工作的人越来越少。钟小清说："这个工作太基础了，以前董事长就做过很多回，他当年经常自己到野外采药，以前讲的三七血伤宁的历史就非常有代表性，如果你对药材不认识不了解，你是没办法知道怎么治病的。邹公那么早就开始做这方面的工作，是很有眼光和远见的。"

三金人都知道，邹节明有两句名言：三金无庸才，只有不合适的位置和组合；三金不能容忍平庸，平庸不前必遭淘汰。钟小清的经历无比贴切地印证了邹节明的名言。如今的钟小清已经成长为广西乃至全国同业中颇有名气的专家了，三金解决了他的后顾之忧，他在三金安了家，买了房，把妻子也从外地接了过来，一家人在桂林的生活其乐融融。钟小清的妻子原本是学西医的医生，到三金后做医学咨询工作，后来受三金中医药文化影响，加上钟小清的大力支持，又去进修中医药方面的课程。于是钟小清的家，识药辨药研究药，学术气遮盖了烟火气。与邹节明一样，每逢周末或者假期，钟小清都要到乡下看看。桂林栖霞寺附近有个草药市场，每个周日都有晨市，邹节明、钟小清都是那里的常客。

广西有很多的乡镇都有药市，尤其是少数民族聚居的乡镇。那里都留下了邹节明、钟小清的足迹。钟小清说："学这个专业的就要多了解这方面的信息，我们公司中医药文化的氛围比较浓厚，老板经常给我们讲中医药'治未病'的原理。"

常年背着蛇皮袋子走在乡间小道上的钟小清，心中思考的问题早已跨越了他眼前的十万大山，飞到更高更远的地方。他说，国家从1998年开始推行中药材种植以来，到现在规范化种植的大概有300个品种。可以说近二三十年来，我国对中药材野生抚育的力度和成效还是非常大的。桂林的罗汉果也解决了从高山往下移植的问题，以前在山顶上种，现在可以在山脚下种了，这些都是花了大力气的。毕竟野生资源比较匮乏，一个中药材品种从开始种植到真正驯化成功一般都需要几十年甚至上百年的时间，并不是说今天种出来了，就一定达到药用驯化的程度，只能说在一定时期缓解它的短缺。他认为："中药材对我们来说是药材，但它对很多农民来说就是商品，怎么样让药材这种特殊的商品属性体现出来，需要政府在国家层面对这块进行引导，所以国务院发文对中药材种植进行规范，包括最近的中医药立法，就是要规范这些工作，你不能不依照自然规律去驯化品种。比如说，人参本来长在长白山，你非要把它移到桂林来种，这就不符合自然规律，虽然也可能种得出来，但那就像萝卜了，还是要有'道地药材'的概念，不能简单地以长出来为标准，要讲求药材的道地性问题。"对于一位专门从事中药资源研究的青年学者来说，钟小清担心如果完全把药材定位为农业产品，农民会把很多农业技术用在药材种植上，那整个中药材的发展就会令人堪忧。

随着土地的不断产业化，药材野生资源只会越来越少，按目前中药的发展环境来说，实际上是很不好的。钟小清的思考中也经常有不理解的地方，他说：中国的天然野生药材难道不是纯天然的吗，为什么价格就是白菜价？为什么在国外买纯天然的东西就比较贵，但在中国，正好倒过来，化学药贵过中成药。中成药价格倒置,是目前我们国家一直没能很好地扭转的一个问题。

钟小清认为:中国不需要几千家小药厂。有的小厂就一两个品种,浪费了大量的资源。比如说六味地黄丸全国有六七百家药厂生产,国家完全可以从很多方面来理顺这个现状,不需要那么多厂,因为大家都开动机器,我们就会发现资源是不够的。国家只要保证几家比较好的药厂,让他们通过自己的力量在整个供应链里面起到核心的供应作用,而不是因为这是本市企业,这次招标就要用这个药品。他认为,一个企业的技术力量和它本身所能承载的东西应是一致的。

钟小清经常与他的老师们探讨,当然也找机会与邹节明探讨,邹节明喜欢与年轻人探讨。钟小清认为,政府不干预,光靠市场行为,容易导致另一个问题。药品是特殊供应的东西,为什么以前中药源头的假药非常少,或者说不大可能有处理过的药材再流入市场?邹节明说,因为以前是个封闭的体系,以前把药材作为一个特殊的商品对待。钟小清说,现在如果放开,按市场经济当作普通商品来卖,中药材就容易出问题。这几年药材出问题,很多都出在流通领域。你买8元的当归有,买80元的当归也有,为什么相差那么大,8元的当归生产出来的药效果怎么样没人知道。

邹节明和钟小清都认为,此次国家中医药法的出台,实现了"法治"替代以往的人治,有利于中医药的发展。在中医药从业人员看来,国家还是加强了管控的,包括备案制、全溯源制,这些实际上强化了中药材特殊商品属性的东西。包括一些利用边境贸易进来的中药材,国家也加强了备案,实际上更多的是用规范化的制度来理顺现有流程。国家推行的这一系列政策,都是为了提升整个医药行业的改革和管理水平,推进医药行业的供给侧改革,要供应好的产品给消费者、给患者,而不是谁都可以供应,供应的东西又达不到应有的效果。尽管钟小清反复说这是医药体制改革从国家层面需要考虑的问题,但他仍然没有忘记作为一个中医药从业人员自身的责任。他认为应该"让更多的大企业有更多的精力去提升自己的品质和质量,而不是简单地应付市场营销的变革"。

一个人走在采药路上,钟小清常常想起第一次见邹节明的情景,还有邹节明嘱咐他的话:"希望你能把这个工作坚持下来,学好以后肯定会非常有用,很多东西是需要时间沉淀的。"

在三金多年的学习与实践,让钟小清深感公司的很多理念都是与事物发展的未来趋势相适应的。"老板经常给我们讲中药生产到最后,核心的问题也是资源问题,实现中药资源的可持续发展最终还是要回到这个源头。无论是野生抚育还是种植,都需要选定它的原种,然后才开展驯化研究,所以我们前期开展了不少驯化工作,这也是我们公司领导,从战略高度认识到资源的重要性。"钟小清说,三金五十年来的成功秘诀就是准确感知外界变化,始终领先一步。

钟小清说,有时候他会用中草药来比照他的老师同业。他认为老板邹节明就像是中药里的人参,《本草纲目》中说人参"补五脏,安精神,定魂魄,止惊悸,除邪气,明目开心益智。久服轻身延年"(《本经》)。所有这些特质邹公都具备,力挽狂澜,拯救企业于破产边缘,企业的生存与人的生命有相同的道理;可每当看到生活中微笑着的邹公,他又觉得邹节明更像是甘草,平和、慈悲、调和众志。

《本草纲目》中对甘草的论述可谓浓墨重彩,看《本草纲目》草部草之一甘草篇,前有"弘景曰:此草最为众药之主,经方少有不用者,犹如香中有沉香也。国老即帝师之称,虽非君而为君所宗,是以能安和草石而解诸毒也。 甄权曰:诸药中甘草为君,治七十二种乳石毒,解一千二百般草木毒，调和众药有功，故有国老之号"，中间有"震亨曰：甘草味甘，大缓诸火，黄中通理，浓德载物之君子也"。尔后，"时珍曰：甘草外赤中黄，色兼坤离；味浓气薄，资全土德。协和群品，有元老之功；普治百邪，得王道之化。赞帝力而人不知，敛神功而己不与，可谓药中之良相也"。熟读中草药古籍经典又识得数千种中草药的钟小清，用甘草来比照他的老师加伯乐，别有一种意蕴与风格。

也许是因为钟小清的学习方式与他人不同，这让他对传承的理解更为深刻和丰富，他认为自己这一代人最应该传承的恰恰是邹节明所秉持的医者仁爱慈悲之心以及济世救人的责任与担当。在三金的企业文化里，企业道德就是仁以待人，一视同仁。邹节明说："医乃仁术，药亦如是。每个员工都要怀有仁慈之心，想人之所想、将心比心。这样才能敬业爱岗，真正为大众生产好药，为社会谋求福祉。"

多年不同常态的学习与实践，钟小清完全理解了邹节明对他的培养是出自一个大视野和大情怀的考虑，与所有中医药者的大梦想相关，那就是为中华医药留下植物多样性的种子，留下药源宝库。这样的思维早已超越了三金这样一个企业，更是超越了自我和个人。所以，作为科学家和学者，邹节明是杰出的；而作为企业家，邹节明是卓越的。

从1967年至今，三金人对邹节明的称呼多有变化，从邹工到邹公，隔着厂长、老板、董事长、老师这么一些称呼。当年轻人叫他邹公的时候，他其实很习惯地认为是邹工，过去他的"老战友"李德民、邓君翰、贾桂珍等都是这么叫他的，后来王许飞、祝长青、汤一锋，他们把他当成小知识分子头儿的时候也这么叫他，现在钟小清这一代年轻人时常脱口而出的"邹公"是对他的尊称，而他其实还是浑然不觉的。

然而时间已经过去了五十年，五十年的光阴在一个人的生命中就是一生啊，邹节明对桂林三金孜孜不倦的五十年服务贯穿了他生命的全部。他用一生去踏踏实实地做好一件事，精益求精到了极致，造就了三金企业的沉稳专注、开拓创新、锐意进取、低调勤实、德诚宽厚、行善感恩、重情重义等一系列特质与风格，他配得上"邹公"这个称呼。

口述实录：邹公邹节明

口述者：钟小清（三金技术中心中药资源专家）

到三金后，邹董安排我跟过两个老师，除了以师承的方式教我药材资源的老师，我后来还跟过桂林雁山植物研究所的植物分类专家学习，这也是公司安排的。这样让我不但对野外，对书本相关的知识也重新进行了强化。在学这些东西的时候，开始都是非常枯燥的，但坚持下来了，才越来越体会到好，真的是受益终身。

野外学习之初，谈不上有目的地寻找，就是从最基础的开始学知识，上山见到什么植物，老师就告诉你这是什么，一个一个来，现在回想大概到第三次和老师出去时才开始回过神，最初出去的两次脑袋都是蒙的，因为当老师把几百种药材一股脑告诉你的时候，你一时根本记不住。我的老师原来是广西药材公司的副经理，做过药材收购，和邹公是多年的朋友，他有着非常丰富的实践经验，可以说是在广西做药材资源的第一人，他做过1984年全国第三次中药资源普查广西的领队，也是国内药材资源方面的学术带头人。

我老师是1935年出生的,虽然年纪大,但野外采药时他总是精力好。我们每天早上六点起床,七点半吃早餐,八点搭班车到乡下,就开始步行,一边走一边听老师讲故事,老师沿途看到什么药用植物就告诉我们这是什么,我们看到有花有果的就把它剪下来,一个人拿剪刀剪,一个人把植物的照片拍下来,放在一个白色的蛇皮袋里(所以我们经常自嘲说自己像个要饭的);一般下午4点左右就要往回走了,回去吃完晚饭后就开始整理标本,老师肯定是很快的,哗啦哗啦,这个是什么,那个是什么,然后还要拿书对照,告诉你在哪本书的哪一页,让你找,我们刚开始做事时根本摸不到头脑,老师说这是108科,我都蒙了,108科是什么?后来慢慢地记,出去五六次后就摸出门道了,老师要求我们把分类目录背下来,总共300多科(一旦背熟了),哪个数字对应哪一科就清楚了,老师只说数字,不说具体科目的名称,我们也能准确地找到了。

记得我们那时和老师上山采药,为了排解我们的困乏,老师时不时地讲一些小故事、小常识,比如有时候没带水口渴,他就会扯下某些植物的叶子让我们嚼一嚼,我们在外面没少吃植物的叶子。我还记得吃毛冬青的叶子,嘴里总会有有口水的感觉,就不会觉得口干。在野外,有很多多汁的东西都可以吃,比如野草莓,老师还告诉我们哪些植物能吃,哪些不能吃,我们都学了不少知识。比如老师告诉了我们一般蘑菇中毒有几种解决办法,其中一种就是蘑菇一般要和大蒜炒,如果大蒜变黑了,这个蘑菇肯定不能吃。

老师还告诉了我们一些常见的毒性药材和植物的分辨方法,

每次进山都反复提醒要我们特别注意。比如断肠草，它的花很像金银花，金黄金黄的，非常漂亮，每年都有小朋友因为误食它发生中毒事故；传说中的见血封喉药也是有的，老师说桑科的植物就这个有毒，大部分桑科的植物都是灌木，比较低矮，就这个比较高大，所以见到了一定要注意。这个树长得和榕树有点像，把树干割个口子，像割橡胶一样，把树汁收集起来用容器接住，就是传说中的毒药了。

我们当年走了很多地方，发现中药资源比较集中的地方，要么是两个乡交界，要么是两个县交界，现在都搞农业开发，野生药材的区域越来越少了。老师当初的初衷就是让我们先学会多认植物，多认药材资源，只有学习了这些东西，了解了这些东西，才反过来对公司的研发工作有进一步深入了解。

做完这些之后，公司又派我对公司原料药材资源分布做了一个比较全面的调查。我们很多药材供应商都是固定的，对这些供应商我们会不断地进行宣传培训。因为我们的药典是用科学语言描述的，但我们需要用形象易懂的语言告诉供应商这些标准，这样就会在采收环节做到较好的控制。我们很多三金片的药材供应商，以前是父亲在做，后来儿子在做，这其实也是一种传承。

我们公司的很多理念是看到了事物发展的未来趋势的。我觉得，这么多年，任何东西归结到最后都是资源问题，中药生产到最后的核心也是资源，实现中药资源的可持续发展最终还是要回到这个源头。无论是野生抚育还是种植，都需要选定它的原种，然后才开展驯化研究，所以我们前期开展了不少驯化工作，这也是我们公司领导，从战略高度认识到资源的重要性。

我刚毕业的时候不抽烟,后来,老师说你烟都不抽,下乡连个路都问不到,我不相信,但后来事实证明,你给乡民一支烟,无形中就会把双方距离拉近,他不仅热心给你指路,还负责地带你到路口。

我选择一路走来,更多的是追求一种积累的过程,很多事需要时间积累。现在社会上急功近利的太多,慢慢地经历了一些事,就更认识到:做什么事都需要有个慢慢积累的过程。这对一个人的心态保持很有好处。不论你在哪里,不论你觉得你所在的地方有这样或那样的不足,但实际上都在那里沉淀了很多的感情。

我本身在三金做技术,未来还是要和三金的发展相结合,未来中药的发展仍然离不开资源问题。要成就百年三金,就不能忽略资源问题。要让下面的人知道这个,我们现在做的很多工作都是前期工作,野生资源的抚育,野生物种的繁殖,以后不管怎么样,这个资源可以拿来,为公司未来发展提供很好的原料基础。这样三金,特别是像三金片这样的中药产品才能持续发展下去,没有资源什么都是空谈。

(2016年12月31日)

# 第十七章
# 世界，你好

---

医之为道大矣，医之为任重矣。

——清·喻昌《医门法律·自序》

---

2010年，桂林市委、市政府确立了"保护漓江，发展临桂，再造一个新桂林"的战略部署，将市区内的工业逐步搬迁出去，避开漓江、保护漓江，建设临桂新区，实现经济发展与环境保护的双赢。作为桂林市和广西壮族自治区的金牌企业、纳税大户，邹节明深知自己身上的责任。他说："三金现在的厂房被居民区所包围，产能扩大所带来的污染和噪声势必会影响居民生活，这不是一个有责任感的企业应该做的。"同时，他考虑到三金生产基地及仓储设施分散在金星路等几个地方，不利于降低生产成本，如果搬到临桂新区，虽然有新区设施不完善、员工上下班远、交通不便等困难，但那里能够充分利用广西以及桂北丰富的天然药用资源，对公司下一步发展是非常有利的。于是，三金召开大会，把搬到临桂的利弊向职工讲明，同时也把公司未来的发展蓝图告知全体员工。

"三金的员工都是好样的。"邹节明深有感触地说。就这样,响应桂林市委、市政府的号召,三金公司启动"三金现代中药产业化技术改造工程"的建设,这意味着,一座现代化中药城将在广西桂林临桂新区诞生。

按照规划,中药城建设项目位于桂林市秧塘工业区内,总征地1020亩,其中可用地约800亩。项目分三期进行建设。

2011年3月,锣鼓喧天,鞭炮阵阵,项目一期正式开工建设,站在主席台上,邹节明看着热火朝天的施工工地,不禁想起当年自己骑着破自行车用19万元与工人们一起建中药厂的情景。时间如白驹过隙,三金巨变的发生浸透着汗水与心血。如今,四十多年过去了,虽然眼前也有水电缺乏、地质复杂等种种困难,但有自治区、市、县等各级领导的关心和支持,有桂林三金与日俱增的经济实力支撑,还有全体三金员工同心同德的辛苦付出,中药城的建成指日可待。邹节明和所有的三金员工都信心满满。

中药城项目是广西壮族自治区重点建设项目,三金公司从项目设计、施工到工艺流程、设备设施的引进都立足于"国际一流、国内领先"的思路;生产车间的设计与国内三家甲级医药设计院之一的武汉医药设计院进行合作,在设计中,结合中药制药特殊的生产要求,贯穿工业化、信息化、智能化的理念,力争实现高效、节能、环保的生产。土建施工经投标选取了广西知名的建筑企业,而最关键也是最富专业性的药品生产车间的洁净装修经全国范围的考察和招标,最后选取了国内知名的专业医药净化装修公司进行施工。在设备、设施的引进中公司组成了近十个由工艺技术、设备、质量保证等各专业人员组成的小组,对全国知名中药制药企业及制药机械厂家进行了学习、考察,最终结合三金公司产品工艺特点的需要进行招投标采购。

# 第十七章
## 世界，你好

中药城建设，开启了三金新一轮的创业潮，三金员工以极大的热诚投入其中。

唐琳，设备工程管理部自动化设备管理专员，主要负责中药城 1# 楼所有生产设备的整体协调工作。2011 年，唐琳作为聘用工加入三金这个大家庭。他给大家的感觉是肯动脑筋、自学能力强，"只要是与设备有关的事情找他，他总是热心地帮助解决"。唐琳说"看到不好用的东西，总爱想办法去改进"已经成为他的一种习惯。

由做人做事的习惯、专业学习的习惯延伸到对待工作的习惯，正是邹节明一直在三金提倡的。中药城项目建设，任务艰巨，由唐琳提出并实施的小改革层出不穷，在 2014 年底通过的中药城一期 GMP 认证中发挥的作用不可小觑。

不知内情的人会认为，金星路老厂区已经运营了那么多年，与生产有关的设备、流程、工艺控制等等都已经很成熟了，只要搬到中药城或照着买新设备就可以进行生产了。可事实上，中药城绝不仅仅是老厂区的简单扩建，质量控制上要按照新版 GMP 标准进行设计，产量和规模上要满足十几年后甚至更长远的发展需求，这就给工艺设备部门提出了更高的要求和严峻的挑战。还有人简单地认为选购新型的先进设备就能直接投入使用，可事实上，特定的产品由于其物料的特性不同，很可能导致设备无法正常使用，必须经过深入研究、反复实验，才能摸索出适合本公司产品的设备安装方案。

2014 年 7 月至 12 月初，为了应对年底的中药城一期新版 GMP 认证，中药城验证小组的成员们放弃了周末的休息，开始了长达五个月的艰苦奋战。当问及付出与收获是否对等时，很多人都说："这没什么，人人都是这样付出的。"唐琳说："看到公司通过了 GMP 认证时，我很欣慰，说明我们的努力出成果了，而我本人也在专业知识和工作能力方面又有了新的进步和提高。"

2014年底，唐琳以勤于创新、不畏艰苦、积极进取的工作作风被评选为三金"十大魅力员工"。

中药城一期项目完成投资约10亿元，新建生产、辅助厂房约18万平方米。其中制剂车间、辅料、包材、成品库近10万平方米，拥有400多套具有国内外先进水平的生产及辅助设备，整体提升了桂林三金自动化、信息化、网络化、数字化生产水平，扩大了企业的规模效益。2015年1月28日，该项目通过广西壮族自治区药监局的GMP认证，同年6月，三金完成主导产品的生产线搬迁，开始了新一轮的创业。

2016年，唐琳由聘用工转为正式工。

邹节明说："三金从不让那些不懈创新、默默奉献的人吃亏，三金的价值观也从未偏离正确的轨道。"创新和奉献是三金迈向现代中医药企业的保证。

中药城项目二期拟建设厂房近13万平方米，拟投入资金约6.9亿元，用于三金公司在研的或引进的新型中药制药的生产。达产后预计新增销售收入约20亿元，新增利税约8亿元。

项目三期拟建设厂房约30万平方米，投入资金约13亿元，建设生物制药、新型化学制药等项目，预计建成达产后新增销售收入约55亿元，届时三金中药城总体销售收入可达百亿，三金中药城将建成生产生物制药、新型化学制药、中药现代产品等各种新型药品的，有三金特色文化内涵的，环境洁净，符合GMP要求的现代化医药产业园。

三金的决策者牢记"发展不能忘掉根本"。中药是三金五十年立足发展的基础，以中医药理论为指导，传统中医药临床经验为基础，现代科技为手段的中药制药仍然是三金目前的主业。而现代化中药城的建成，无疑将会给三金未来的发展插上飞翔的翅膀。

三金的管理者深知，中药产业现代化包括两个方面的内容，产业技术现代化和产业管理现代化。产业技术现代化包括：以产业化经营和规范化生产（GAP）为特色的中药现代农业和以规范化生产（GMP）统一质量标准、现代化制药技术设备为特色的中药现代化工业等内容；而产业管理现代化则主要指现代化的产业运行机制。邹节明多年来一直呼吁中药现代化，同时，他不间断地进行产品创新研发，以实际行动践行中国中药现代化进程。

2011年，三金技术创新硕果累累，国家科技部正式批准三金成为国家创新型试点企业，"三金片的技术改造"被列为"十二五国家重大科技专项之中药大品种改造"首批支持项目，完成"桂林西瓜霜技术升级""菝葜主要呋甾皂苷主要抗肿瘤及抑制血管生成候选新药研究"国家十二五新药创制专项申报两项，完成千亿元产业研发中心建设。

2011年12月26日上午，桂林三金药业股份有限公司与中国人民解放军军事医学科学院二所在桂林隆重举行"推进产学研联盟，加强战略合作暨莫达非尼项目转让签字仪式"，探索军地结合、军民两用、融合发展的新机制，共同推进军队特需药品的研发和生产保障体系建设，加强军用成果向民用转化，双方共同研发的新药——治疗晕动症的生姜总酚软胶囊获得军队特需药品新药证书和生产批件，桂林三金成为军队特需药品研发和生产基地，产品销售市场也得以拓展和延伸。

2013年，三金收购宝船生物医药科技（上海）有限公司，以单克隆抗体类似药为切入点，正式进军生物制药领域，生物药西妥昔2016年获得临床批文，实现广西单抗新药申报零的突破。同时三金生态公司及金可保健品公司近年也归入上市体系，开始了新一轮的发展。

创新，是推动医药进步的根本手段，包括从观念、从产品开发、从生产技术、从经营管理各个层面的突破与变革。从过去到未来，创新都是三金企业赖以发展的核心动力。

目前，三金确立了以中药制药为核心和根基的医药产业为主体，以生物制药为重点的生物技术产业与大健康产业为两翼，相关产业为辅的一体两翼发展战略。

改革创新，追求卓越，打造中国领先、国际卓越的医药制造集团，实现"百亿三金""百年三金"梦，是每一个三金人为之奋斗的目标。而为了实现这个目标，邹节明多年前就开始谋划。除了产品研发、人才储备，与国家体系接轨也是邹节明不放松的事情。

三金的专业技术人才，是纳入国家职称体系和职业资格认证体系的。执业药师资格的取得要通过全国统一考试。在三金，邹节明是第一个取得执业药师资格的，吕高荣是第二个。到2016年底，三金有70多人取得执业药师资格。每年的执业药师资格考试，三金都会专门派车送员工参加考试，因为邹节明很重视，所有的技术岗位都有相应的技术资格要求。质量管理部门、技术管理部门都必须是执业药师才能上岗。

2016年底，千呼万唤的《中医药法》颁布，邹节明和三金员工以开放的心态迎接共和国第一部中医药法诞生。

三金药业副总工程师吕高荣说："中医药立法对我们行业，特别是对我们三金来说，是非常大的利好政策，是喜讯。从我们的角度来说，三金未来的发展，第一个还是要坚持中医学理论，发展中药，中药还是我们发展的根本，这个根本还是要传承下去。另一个方面，我们还是要强调发展现代中药。"

在吕高荣看来，中医药立法重点强调保护传统中药，把传统中药作为一个产业，作为一个科学来鼓励它发展。然而，现在的医学院毕业的中药专业的学生，整个中学、大学教育都是国际化的；学术方面，中药必须和西药结合，做出来才能被认可；还有研发和审评过程也都在国际化。传统的中药，如果仅仅用传统的思维，是达不到国家标准的，跟国家乃至整个社会的发展也是不协调的。

传承与现代化，是矛盾体还是其他？这也是中国中药制药纠结多年的课题。也许你会说，不管是中药还是西药，都是药，药只有一个标准，就是看它有没有疗效，服用是否安全，没有其他任何标准。但社会在发展，科学在进步，人类所面临的疾病风险也越来越复杂，找到合适对症的特效药是药品生产企业孜孜以求的，特别是中药企业。如果你只是传统的中药制药，很局限。所有这些概括起来，就是：社会发展需要中药现代化。

古老的中药文化如果不注入现代内涵，就会自生自灭，遭到淘汰。坚持中医药要努力继承与发扬，邹节明主张继承不泥古，发扬不离宗，在他还是一名普通技术人员时，他就认识到这一点。而今，作为全国中医药行业先进企业桂林三金的决策者，他的自觉意识和紧迫感已变得更加强烈。

2015年10月5日，瑞典卡罗琳医学院在斯德哥尔摩宣布，中国女科学家屠呦呦和一名日本科学家及一名爱尔兰科学家分享2015年诺贝尔生理学或医学奖，以表彰他们在疟疾治疗研究中取得的成就。屠呦呦由此成为迄今为止第一位获得诺贝尔科学奖项的本土中国科学家、第一位获得诺贝尔生理学或医学奖的华人科学家，由此实现了中国人在自然科学领域诺贝尔奖零的突破。

屠呦呦获诺奖的消息，给邹节明以极大的鼓舞。要知道，屠呦呦的贡献是创制新型抗疟药——青蒿素和双氢青蒿素。青蒿，这株中国几千年前就记载于《诗经》中的青草，吸引了全世界的目光。就在媒体考证此青蒿与彼青蒿之区别的时候，邹节明清醒地意识到，从青蒿中提炼青蒿素的研究获诺贝尔医学奖这本身就说明了中医药越来越受到世界的关注。

2015年12月10日，2015年诺贝尔奖颁奖典礼在瑞典首都斯德哥尔摩音乐厅举行，邹节明在电视机前"观礼"，他看见屠呦呦手捧奖杯和证书，内心非常激动。他默记着颁奖词中对屠呦呦发现青蒿素的表述。

屠呦呦发现了青蒿素，这种药品可以有效降低疟疾患者的死亡率。这两项发现为全人类找到了对抗疾病的新武器。

疟疾的传统疗法是氯喹或奎宁，但其疗效正在减低。20世纪60年代，消除疟疾的努力遭遇挫折，这种疾病的发病率再次升高。中国科学家屠呦呦从传统中草药里找到了战胜疟疾的新疗法。她通过大量实验锁定了青蒿这种植物，但效果并不理想。屠呦呦因此再次翻阅大量医书，最终成功提取出了青蒿中的有效物质，之后命名为青蒿素。屠呦呦是第一个发现青蒿素对疟疾寄生虫有出色疗效的科学家。青蒿素能在疟原虫生长初期迅速将其杀死，在未来的疟疾防治领域，它的作用不可限量。（选自百度词条：屠呦呦。）

媒体津津乐道的是，1930年出生于浙江宁波的屠呦呦，从一出生就与青蒿结下了不解之缘，她的父亲为她起名屠呦呦，出自《诗经·小雅》中的诗句"呦呦鹿鸣，食野之蒿"，而邹节明却对介绍"屠呦呦受中国典籍《肘后备急方》启发，成功提取出的青蒿素"一句印象深刻。真可谓外行看热闹，内行看门道。

作为早年毕业于北京大学医学院的高才生，屠呦呦是中国中医研究院终身研究员兼首席研究员、青蒿素研究开发中心主任。她多年从事中药和中西药结合研究，那天她的致辞《青蒿素——传统中医药献给世界的礼物》,虽然语言质朴,但专业论述深刻。邹节明静静地聆听,心中充满崇高感。他想说,青蒿素的研究是一个开端,传统中医药奉献给世界的惊喜将会源源不断。

"观礼"结束,邹节明的思绪又回到了三金。邹节明认为,现代化的观念不能仅停留在硬件建设上,为此,他要求自己和研究所的开发人员,每人心中都装有一本未来 3 到 5 年的日历,在市场调研、产品开发上,要充分考虑将来的市场需求;三金生产的产品的质量、技术、疗效等各项指标,要始终处于领先水平。

邹节明的心中,早已画好蓝图。"十三五"期间,三金药业将抱持"泽及生命,关爱健康"的宗旨,积极打造中国领先的医药制造集团,抓住国家发展中药产业以及广西将医药列为重点支柱产业的契机,在提高企业技术中心研发水平的同时,加大与科研院所的合作,努力将三金建设成国内领先、世界一流的医药研发生产企业,并积极在国际医药市场拓展出更大的发展空间,开创更为辉煌的未来。

## 第十八章
# 新中药 心中药

> 凡大医治病，必当安神定志，无欲无求。
>
> ——唐·孙思邈《备急千金要方·大医精诚》

2017年1月27日，大年三十，邹节明如往年一样，请兄弟姐妹们一起吃年夜饭，他是长子，父母都不在了，他要把大家庭的每一位召集到身边，像从前一样，一家人高高兴兴团圆。他说这是他的责任，他喜欢这样。多年来，他一直关照弟弟妹妹们，传统家庭的长子就是这样，这种责任也渐渐成为习惯。而弟弟妹妹们对他们的大哥除了敬重还有感激。

2016年，邹节明收获良多，他最大的收获莫过于七月份邹洵的妻子为他添了个小孙女。邹节明夫妇曾经盼望有个女儿却没有如愿，所以小孙女的到来于他和妻子则是迟来的幸福，他很知足。他为小孙女起名：邹昀洇，小名洇子。日光洇染的样子有一种宁静的美好。

邹节明不是一个能沉浸于天伦之乐的人，而他的喜悦包含着多重含义。诚然，小洇子的到来令他快乐，而他的妻子翁毓玲的快乐则更加溢于言表，这让邹节明感到欣慰。妻子多年相夫教子，家庭的担子几乎全部由她承担，待到孩子们长大成人，妻子又身患帕金森症。邹节明心中感到内疚，身为药界专家学者和医药研发生产者，他对帕金森症也无能为力。如今，小涴子的到来能让翁毓玲感受到生命的朝气与圆满，他也由衷地感到高兴。

一个一辈子都在求新创新的人，过年的时候，也难免怀旧。一年一度的年味，总会有一些回味、一些思索，邹节明在记忆中咀嚼年味，品评年味，觉得当今社会五光十色的渲染太浓，遮盖了生活中真实的味道，令记忆中的年味索然无几。邹节明想念儿时的年味，情不自禁地在微信上写下了下面的文字：

年　味

一年一度的过年，总会有一些回味，一些思索，一些记忆中的咀嚼。

儿时没有电视，也不知天南海北的人他们春节里的风土人情。如今媒体早就报道春运信息，年货展销，高铁售票与高速公路情况，满眼看到的是炫眼的物和哄涌的人群……感到乾坤都在搅动。

儿时物质缺乏，到了年前提着篮子去买过年的供应物质，那是按人头分配到各家的指标，是凭票供应的，想多买都不可能。提着不知冰冻了多长时间的鱼肉和还要回家自己炒的瓜子、花生，兴高采烈地回家，更令人难忘的是为了买到好一些的鱼肉，天还未亮就起床匆匆去排队。尽管如此,但人们的秩序依然很好,彼此关照,大家都很和睦与高兴。如今超市天天开门,购物时更注意是否新鲜,是否绿色环保,是否养生。

儿时春节常享受着瑞雪兆丰年的美景,屋檐上垂挂着一尺多长的冰条,那雪下得把我家后院栽的桃树枝压得弯弯的,我和小伙伴们会用小棍子敲掉盖着它的雪衣,还举着冷得通红的小手去摘那叶片上的冰花。小伙伴们合作将积雪堆叠成各式雪人;或将雪用手掐成团相互追逐着打雪仗,打闹着,戏耍着,弄得满头是汗。

年前两天各家各户都开始在忙着准备过年的扣肉、蛋饺等诸多美食了。儿时的年夜饭,家家户户忙碌着,各家厨房都飘出诱人的香味,精心制作出自家特色的美食,可谓"八仙过海,各显神通",锅碗瓢盆叮当响着,心里乐滋滋的。如今的年夜饭聚集在酒店,不一定自己动手,但也总会觉得情感上少了点什么。

儿时在年夜最讲究的是火,祖母念叨的也是:三十晚上的火。烧得红红的炭火不用节约,一家人围着烧得旺旺的火盆说笑着,喜乐融融。我们乐滋滋收好长辈们给的压岁钱,一边吃着糖果花生等零食,一边说笑着,直至过了子夜十二点,这是"守岁",意即:珍惜现在,反省过去,规划未来,辞旧迎新,放过一串鞭炮后才甜甜地去睡。

如今有暖气空调,谁还围炉向火?看电视,发微信,发视频,玩手机,都在自己的世界里乐。

正月初一会穿着一身新衣服出门,美滋滋地享受小伙伴们投来的羡慕眼光,道声新年好。初一第一件事,按辈分长幼,首先是向祖父母拜年，向父母拜年，再给叔伯长辈们拜年，然后向哥姐弟妹们拜年。一般是初三、四开始向邻居、亲朋拜年。敲开一家门，送上一个笑脸，一声恭喜，一个敬礼。从初一开始，民间自发自费组织起来的若干支舞狮队敲锣打鼓在大街小巷表演，给各家各户拜年，尾随围观的人群，好生热闹，有"举国欢庆，万民同乐"之景。如今楼上楼下住的不知是谁，拜年可不用登门，发微信、用视频、用电话就行了。不少人会带着亲人们外出天南海北旅游去了。如今更有甚者过圣诞节、情人节等西方节日的喜庆，却会胜过春节、中秋节，美国人将麦当劳、肯德基连锁店开在中国城市的主要街道，是否想过让他们也卖豆浆油条，让美国人吃臭豆腐也觉得是香的，你同化我，我也得同化你，所谓有来无往，非礼也。

过了初五就要上班，总是眷念这喜庆、深深情怀的日子。如今这春节过得像星期天，再上几天班又可休息周六与周日两天了。

有人说，春节真好，为那片刻的城市安宁，短暂的交通顺畅与便利，以及碰巧的日朗晴空而感慨、庆幸、感恩。其实，我们需要的还很多。

也许是我个人喜欢寻味，过于怀旧重情，也许是这年味随物种进化本应改变，所谓与时俱进吧，只是我思滞不前而已，还在回味那久远的年味，留恋那久违的风情，不舍那难忘的情怀。

我们将面临、迎来中华民族文化精华的传承与创新的有机融合和发展，我们需要的东西很多，其中最需要的是心灵的富足。

这，就是我抚今追昔的感受。

行文至此,邹节明忽然不知自己写下的这些文字发往何方。孩子们都在眼前,他们与自己的下一代说笑玩耍,什么样的幸福能与眼前的幸福相比?就像广告里说的——爱最长情的告白就是陪伴,相亲相爱的一家人才是自己最大的成功啊。此时邹节明心中暖融融的。他甚至问自己,从前怎么没有想到呢?就像邹准很习惯家中每个人都在自己的房间忙自己的事情一样,邹节明更习惯于饭后回到自己的书房读书思考,五十年的习惯难以更改。

邹节明坐在书桌前,翻看手机里的微信公众号《三金专刊》,里面有一篇小文引起了他兴趣,他兴致勃勃地读了起来。

"爸爸妈妈上班在干吗?"
——营销总部组织职工子弟参观公司

为响应学校寒假"学习体验爸爸妈妈工作"活动号召,1月13日营销总部组织职工子弟参观公司展示厅,小朋友们既欣喜又兴奋,在讲解员耐心又细致的带领下,秩序井然地听讲解。

孩子们以父母在三金工作为荣。组织架构是什么孩子们还无法理解,但举例说到集团多元化发展,如大街上看到的三金大药房、怡和东岸小区是我们的房地产公司开发的时候,两个男孩子开心地牵着手说:"耶!我们就住怡和东岸啊!"孩子们真切地体会到作为三金的子弟,与三金是息息相关的;孩子在父母平时的言传身教中也了解到许多公司的产品,当讲解员问到大家知道我们公司生产什么产品时，孩子们争先恐后地说："我们家用的是西瓜霜牙膏！"这回答必须赞一个！随行的母亲，为加强孩子的理解，也不时地给孩子着重介绍："公司生产很多产品，你看，这个漂亮盒子里包装的是三金片，你的爸爸就是专门研究这个药品的哦！！"孩子无限敬佩的眼神中我们能预感到回家一定是给爸爸一个大大的拥抱。当介绍到西瓜霜系列产品的护嗓功效时，孩子们很自豪地说："我给老师送过西瓜霜。"还有孩子一眼就看中了熟悉的双虎肿痛宁，指着说："我奶奶经常用这个。"

孩子们仔细聆听企业腾飞发展史、认真翻阅企业简介电子书，绘声绘色诵读中医中药书籍内容、用小本抄录董事长致辞、观摩西瓜霜提取工艺模型、品尝西瓜霜系列产品试用装……当孩子们驻足于三金中药城规划图前，我们也自豪地告诉孩子们："对，那就是三金百亿产业基地，那就是爸爸妈妈们执着奋斗、坚定耕耘的地方！"

读完这篇小文，邹节明安静地笑了。他意识到：三金播下的种子发芽了。他曾经提倡注重生活的"三品"。他说，"三品"就是品质、品格和品位。人的一生要不断学习，提高自身修养，做人要有品格和准则，好品质、好家风要传承。三金的员工都是最好的，多年来，三金重教育为三金的子弟营造出尊师重教争上游的学习氛围，这是百年大计，三金的未来还要靠年青一代去奋斗。他相信因果，相信播撒善的种子一定能硕果累累。

近几年来，资本市场风起云涌，充满诱惑，许多人沉迷其中，不能自拔。邹节明不为所动，坚守实业之路。上市以来，桂林三金的股票涨跌少有起伏，与企业平稳运营同步稳健低调成长。2016年12月6日，格力董明珠对资本市场放出狠话：把中国实业搞垮了，你们要负责任！邹节明深感董明珠说出了他想说的话。与董小姐相比，邹节明是默默的坚守者。他认为，一个有责任的企业就应该承担起社会的责任，一个国家要富强需要实业支撑。

中国自古就有"商人重利轻别离""无商不奸"的说法，那是封建士大夫对商人的歧视。现代企业制度的建立，需要每一位企业家去实践和完善。邹节明觉得自己是一名知识分子，要以国家兴盛人民安康为己任，追逐眼前利益从来都不是他的选项。总书记说的绵绵用力、久久为功，总理倡导的匠人精神才是当今知识分子应练的内功。唐朝名医孙思邈在《备急千金要方》中说："凡大医治病，必当安神定志，无欲无求。"邹节明认为，制药之人，也应该把"安神定志，无欲无求"当成一种精神境界来追求。

用心制药，推动医药不断进步以更好地治病救人，是三金作为制药企业对社会、对大众做出的承诺和责任担当，是行业和社会的需要，是三金人孜孜以求的企业使命。

三金要做新中药。新中药既是中药现代化的集中体现，也意味着创新与技术进步；把握住中药现代化，便能站在行业发展的前进方向，乃至引领行业的发展。

三金人做的是心中药，就是要时刻铭记关爱大众健康，想消费者之所需，用心制药，以创新和扎扎实实的技术为大众健康保驾护航。

在三金，每一个岗位对"心中药"的理解也许有所不同，但他们的目标是一致的。

邹节明心中的心中药是孕育于古代典籍、成长于新世纪的现代中医药，是服务于人民大众的千金良方。

博士周艳林的心中药是工艺创新、标准提升获得国际现代医药理论认可并与西药比肩进入国际市场的现代中药。

中药资源学者钟小清的心中药是回归中草药故土、古法炮制、用现代药理升华的治未病之病的中成药。

三金药业副总工程师吕高荣的心中药就是攻克人类不治之症能获诺贝尔奖的中药制剂。

而派遣工唐润花,她的心中药,则是能让三金创造出越来越好的科学先进的灵丹妙药。

桂林三金将"新中药,心中药"作为企业的发展口号,是要牢记"医者仁心"的古训,创造中医药产业新的时代辉煌。

在《三金专刊》里,还有邹节明代表董事局所做的新年致辞。作为三金董事局主席,他在致辞中说:

> 刚刚过去的2016年,对于我们中医药行业来说算是一个振奋人心的变革年,在屠呦呦获诺贝尔奖的影响下,中医药越来越受到世界的关注,国家各项促进中医药发展的利好政策密集出台……
>
> 在这一利好频出的2016年,三金也响应大环境、大政策,以改革抓住机遇,用创新应对挑战,紧密围绕"强化管理,节能增效",加快建设步伐,开启了企业二次创业的新征程。2016年三金继续保持稳健发展,各项经济指标再次创下历史新高,取得了累累硕果。企业喜获中国中药企业科技创新投入TOP10、国家首批两化融合管理体系贯标企业、全国"守合同重信用"企业、广西主席质量奖、广西优秀企业、广西壮族自治区产学研用一体化企业、广西高价值专利培育示范中心、广西质量管理先进单位

## 第十八章 新中药 心中药

等荣誉称号；提取车间荣获"全国安康杯优胜班组"、一车间获"全国工人先锋号"等荣誉。

2017年，对于我们来说将是不平凡的一年！我们将迎来企业50周年，在这一具有历史意义的时刻，希望我们三金全体员工继续保持"崇信、创新、争先、勤实"的优良传统，发扬"敢为先"的企业精神，秉承"创新推动医药进步"的企业使命，实施以中药制药为主体，致力发展生物制药为重点的生物技术产业和大健康产业，相关产业为辅的"一体两翼"发展战略，视质量、信誉为企业第一生命，突破创新，锐意进取，全面推进"中国制造"强国战略，打造中国领先的医药制造集团，推动中药产业现代化、国际化发展，共同实现我们的百年三金、百亿三金梦！

除夕之夜的桂林，流光溢彩，静默的山峰像是一个个神仙，在注视着这人间天堂。象鼻山，古称漓山。东涉漓水，西傍宁远，北依桃花江，南眺穿塔二山。"皓月碧水潺潺，青山古刹峨峨，领尽桂林山水之精华"，被世人誉之为桂林市徽。象鼻山下是央视春晚的分会场，饰演歌仙刘三姐的黄婉秋用歌声恰如其分地诠释了这座城市不变的魅力。历史上桂林有三宝——三花酒、辣椒酱和豆腐乳。而今，桂林人引以为傲的不只是三宝了，桂林人说如今桂林有四宝，那第四宝就是桂林三金生产的西瓜霜。

在广西桂林生活了五十年的邹节明说，他一辈子只做了一件事，就是做好了桂林三金这个企业。

## 邹节明自述：我相信因果

我经常说不管做什么事情，再风光也好，不能昧良心，不能坑害别人。如果你违背良心做了一些事情，你会得到报应。作为一个父亲，他如果做了违背良心的事，他的孩子当下不懂的，但他会看在眼里，会在他心中种下一颗种子。孩子长大以后，就没有免疫力，因为他的价值观认同了只顾眼前不顾长远，埋藏在心底的这颗种子就会发芽，就会萌发邪念铤而走险。

我对我的两个孩子要求，不正当的，损人利己、损公肥私的事不做，不该你赚的你一分也不要赚，就是有钱赚也不要。项目不管谁介绍的，不合理就不去做，对个人来讲，这一辈子就会比较平稳，对社会而言也不会造成什么坏影响。要规规矩矩、扎扎实实，依法合规把经营搞好。

过去有些人认为邹节明这个人清高、架子大，不像人家的厂长经常去向领导汇报。我这人就是这样，自己能解决的自己尽力解决，不等靠别人，不麻烦别人。

有一次，贾书记和李主任到政府去办事，有位领导说，你们邹节明什么都好，什么都能干，但就有几点问题：第一点不经常到政府来，不像人家厂长，到时候就来政府各个部委办来走一圈，做得好的时候跑一圈，做得不好的时候也跑一圈，你们老总不搞这个；第二个，就是不爱讲话。贾书记和李主任听了就笑起来了。他们说：邹总为什么不来找你们，他性格就是那样，当他找你的时候，那就是你们权限内的事必须由你们来解决，而且他是确实遇到大困难了，才会找你们。

一般来讲，我自己能解决我就自己做了，我是实实在在想做企业，想做实事，不是想着去弄个什么荣誉。我到政府去讲话可信度高，他们对我还是很尊重的，但是一般我不轻易去找他们，能自己解决就自己解决了，不愿意去麻烦人家，这是我的态度。几任市长，对我都很好。但他们在位的时候，我没有过多地去找他们。我是实实在在做企业的，他们也需要有这样的低调务实的企业家和企业来撑起政府的政绩，还要缴税的嘛。办一个企业不是那么简单，是一个全方位的科学的系统工程。你的人品、你的风格等，都能决定企业成败。对我来说也是个磨炼，当然有时候也会有压力。

我有一个观点：一个人做事情你不要亏待了人家，不要损害人家。我觉得你害了人家不会有好报应的，就是你这一代没得报应，你儿子那一代、孙子那一代也会得报应的。我这不是儒家的观点，是我父母教给我的，也是我这些年做事思考得出的结论。

我经常跟我的儿子讲：一般非原则性事情能够包容一点就包容一点，很原则性的问题我们就要坚持，违法乱纪的事不要去做，没必要去冒这个险。

胆欲大而心欲小，智欲圆而行欲方（后晋·张昭远《旧唐书·孙思邈传》），这是孙思邈对于良医的要求。胆量要大，心思要细密；智谋要圆通，行为要端正有原则。其实，何止于良医，我们做药企的，也要用这样的准则来进行自我规范。

我还经常跟我两个儿子和儿媳讲，如果儿子对自己岳父岳母不好是女儿的问题；如果媳妇对公公婆婆不好那是儿子的问题。要明白，我们把自己的孩子从那么小养大，花了多少的心血？可是我们对父母呢，还不及对孩子付出的十分之一。人家养一个女儿很不容易，你们一定要报答他们，一定要孝敬（岳父母）。这是乐趣啊！你要那么多钱干什么，就是没有钱你也应该尽你的心。我们做事情要凭良心。

我们的职工这么多年都是从最穷的时候打拼过来的，很多事情他们都理解。一个人的人格魅力很重要，他相信你这个人的话，你有些不足的地方他就会给你提出来，不会一直记在心里。

我自己有个优势的地方，我在这个行业，中医中药技术方面我有优势，而我的优势不同于药学院毕业的学生，也不同于生命科学院毕业的学生，我是把这几方面知识很好地融在一块，这样结合我的工作去推进去发展，而且也确实做出了某些成绩。再加上在经营上、在管理上我也做了一些研究，这就要花费很多的时间和精力。三金一路这么走过来，说明三金这条路走得还是比较好的，我觉得我们的目的也基本上会达到。

在做学问的问题上，我自己也总结过：首先就是要学，要认真地学；学了要会，会了要精，精了要化，要这样去做学问。不懂就是不懂，不断地丰富自己，认真去学。还要会用，光学了不会用就没有意思，上大学了我们真正能用的知识也只是一部分，还有很多根本就没有用到。尽量要会用，用了要精通，不论是做管理还是做产品，不要满足于已经成功的东西，要不断地精通它，精益求精；精了以后要达到出神入化，招手来的时候就可以把它用得很好。做经营方面的学问也好，做技术上的学问也好，都要这么去做。在做的过程中情况不断地变，就要不断地创新、持续地创新。我们在技术上和经营管理上有五次腾飞，都是在不断地创新。每隔三到五年做一次深刻反省，都是要寻求有新的东西出来。

古人说：知常达变，能神能明，如是者谓之智圆（明·李中梓《医宗必读·行方智圆心小胆大论》）。可见变是明智之举。

我推崇这样的理念：做事先做人，如何做人，不仅是一个人的智慧，也是一个人的修养。人品是一个人最好的底牌，是一个人的最高学历或者最高学位，也是一个人最宝贵的财富与黄金招牌。孔子云"德才兼备，以德为首"，"德若水之源，才若水之波"，德与才的统一才是真正的智慧，真正的人才。一个企业无论管理制度多么严谨，一旦用了品德人品不好的人或有严重缺陷的人，就会有危险的。试想，在一个企业，有人天天动脑挖公司墙脚，此人能要吗？一个很有能力和才干的人在人品方面出了问题，岂不是能力才干越大反作用越大吗？罗斯福曾说过："有学问而无品德，如恶汉；有道德无学问，如鄙夫。"古人云："德者才之帅，才者德之奴。"可见人品何等重要。人品与学识相辅相成时，才会让一个人走得更高更远。一个人不管多聪明，多能干，背景条件多好，如果不懂做人，人品很差，他的事业及其人际关系必将受到很大影响，只有先做好人才能做成大事。人品好的人，自带光芒，无论走到何处，总会熠熠生辉，受敬重。

办企业与做人是一样的,也要把品德建设与人品修养提高到一定的高度才对。

我们这个企业是建立在为国家、对地方有较好贡献的基础之上的。办企业就是要为国家、为社会创造财富,多做贡献,这是第一位的。企业对地方没有贡献生存不下去,因为人家不支持你你就无法生存;反过来说,你对地方有贡献人家才会帮你,支持你,有为才有位。

回顾三金发展的五十年,"坚守、传承、创新"是三金发展的几个重要的基因,需要我们一代代的三金人铭记和发扬。

首先是坚守现代中药制药作为药业的主业。

数据显示,全球范围内寿命超过100年的企业,日本有22 000多家,美国因为历史较短有1100家,而中国却寥寥无几,最古老的企业是成立于明朝嘉靖九年(公元1530年)的六必居。有人做了研究,凡是能持续百年经营的,无一不是专注于本业的企业。比如,创建于1837年的宝洁,一直在做日用消费品;1886年诞生的可口可乐,至今100多年一直从事饮料业;全世界最古老的企业,创建于公元578年的日本金刚组株式会社,四十余代从事寺院建筑。可以说,对事业较长时间的聚焦或专注就是生产力。而有不少企业,不扬长避短,不充分发挥自己的优势去做强做大,刚刚发展起来就盲目跟风,搞房地产、做金融,哪行钱好赚、赚得快就进入哪行,以致"各领风骚三五年",像流星不能长久。

中医药是我们中华民族的瑰宝,历经几千年验证,可继承、发扬的空间和潜力还很大,几辈子都发掘不完。广西药用植物资源丰富，居全国第二位，这是我们的资源宝库。现代中药制药是三金的本业和根基，坚守本业并将之发扬光大，是我们的责任，也是我们的义务。不仅是我们成就百年三金的根基，也是推动行业发展的需要，我们要有这个使命感和责任感。

其次要坚守实业。

实体经济是立国之本，也是我们成就百年基业的根本。三金潜心深耕五十年，从无到有、从小到大，能有今天的成绩靠的是实业，今后要想从强到更强，走得更稳健、更长远，仍然离不开强大的实业支撑，做实业要克服浮躁的心态，耐得住寂寞，扛得住困难，要有定力，要有韧劲，要舍得花大力气，要舍得投入，不随波逐流，不跟风盲从；要始终保有我们的技术优势和产品优势。简而言之，对事业要坚守、坚持、自信。

俗话说："滴水穿石、铁棒磨针。"人贵有恒，做任何事情要有信心、有耐心、有执着追求的精神，这种坚持精神是成就事业的一个关键。

我不排斥资本运营，但在未来相当一段时间的发展中，三金必须坚持产业经营为主，资本运营为辅。我们认为公司产业经营是公司资本运营发展的依托与基础，公司的资本运营是为了促进、支持公司产业经营的做强做大，是产业经营的支撑。在今后的对外并购中，也要尽量避免远离主业的多面开花，而是尽量集中在中药、制药、生物产业及大健康板块等产业。

"崇信、创新、争先、勤实"的三金精神，是三金几十年发展实践中总结出来的宝贵财富，它不华丽，看起来也不"高大上"，却实实在在推动三金发展到今天。随着时代的发展，这些精神会被不断赋予新的形式、增添新的内容，但精神的内核是不变的，还是必须传承下来的。

诚信是百年企业的立业之本，质量是药企的生命线，建立严格、科学、完备的质量保证体系，生产高质、高效、安全的药品是药企最大的诚信和责任担当。所以我们要用心、踏踏实实去做好每件事，将一件产品精益求精到艺术品。

三金一直坚持一个理念"一个企业每发展3-5年就要进行一次深刻的反省和改造，在观念、机制、管理、科技、营销等方面不断创新，再造一个新企业"，因为没有创新，就没有灵魂。这就是我们提的持续创新驱动战略。

作为中药企业，我们在崛起之初，就很好地摆正了"传承"和"创新"的关系，确立了"继承不泥古，发扬不离宗"的研发宗旨，坚持以中医药理论为指导，现代科技为手段，广西本地资源为依托，质量为中心，管理为基础，自主创新，创建独家特色产品和品牌。

三金在成长过程中，坚持管理是生产力的观点，也经历了从粗放管理到逐渐精益化管理，从经验管理到科学管理的转变，无论是过去企业内部的三项制度改革、现代企业制度改革等机制或体制改革创新，还是全员质量管理、方针目标管理及现在逐步深入推行的卓越绩效管理模式，从引进咨询顾问团队到现代化管理手段的越来越广泛的使用，三金都在管理提升的实践中受益。然而创新无止境，管理无竟时，管理是生产力，面对二次创业的新要求，要做的改进和提升工作还有很多。

企业的目标就是我的目标。我个人的目标与企业的目标是融在一起的，企业的目标实现了，我个人的目标也就实现了。我们决不能把个人的目标当成第一位来考虑，这样会走错路的。

三金的目标是中药现代化国际化，这也是贯穿我一生的追求。

（2016年2月26日、12月28日）

# 企业大事记

**1967 年**

6月成立桂林中药厂筹备处,位于桂林市东镇路1号。当年员工33人,筹备处领导小组组长:李德民;组员:贺桂珍、唐锡林。筹建期(1966年6月——1970年5月)员工45人,边筹建边生产,无独立厂房,生产银翘解毒丸、益母丸、六味地黄丸等传统中药大蜜丸,年产值仅几万元。

**1968 年**

桂林中药厂筹备处隶属中国药材公司广西壮族自治区桂林分公司领导。邹节明从武汉大学毕业被分配到该厂。

**1969 年**

受企业委派,邹节明到南宁争取到广西壮族自治区人民政府19万元的建厂投资,开始在桂林市金星路1号兴建新厂房。

**1970 年**

6月,桂林中药厂建成,从东镇路旧厂房搬迁至三里店新厂房(金星路1号),正式挂牌"桂林市中药厂",开始低速发展期。同年,中药厂新产品研究组成立,邹节明任组长。

**1972 年**

桂林市中药厂研制的三金片等一批现代中药片剂产品获准投入生产。

| | |
|---|---|
| | **1978 年** |
| 邹节明研制的三金片获全国科学大会科技成果奖、广西科学大会优秀科技成果奖;抗痨丸获广西科学大会优秀科技成果奖。 | |
| | **1979 年** |
| | 桂林市中药厂恢复党委领导下的厂长负责制,樊玉云任党支部书记,甘贤水任厂长,李德民任副厂长。 |
| | **1981 年** |
| 三金片、蛤蚧定喘丸获广西优质产品奖。 | 邹节明任桂林市中药厂副厂长。同年,中国药材公司将桂林市中药厂列为全国 56 家重点中药厂之一。 |
| | **1983 年** |
| 三金片获国家医药管理局优质产品奖;复方西瓜霜、蛤蚧定喘丸获广西优质产品奖;复方西瓜霜、蛤蚧定喘丸获桂林市质量奖。 | |
| | **1984 年** |
| 三金片、复方西瓜霜获广西名牌产品称号。 | 12 月,邹节明被任命为厂长,提出了"两年基础、三年改观、五年腾飞"的十年发展方针,由此企业迎来了大发展的新时期。 |
| | **1985 年** |
| 首乌冲剂获广西优质产品奖。 | 西瓜霜润喉片获准投入生产,10 月,复方田七胃痛胶囊、玉叶银花冲剂、玉叶银花糖浆等一批新产品获准投入生产。 |

## 1986 年

三金片 QC 小组获国家中医药管理局优秀 QC 小组称号、牛黄解毒片获广西优质产品奖，桂林市中药厂被桂林市人民政府授予 1986 年度获增产增收一等功称号。

## 1987 年

西瓜霜工艺改革获得桂林市科技成果二等奖、国家医药管理局科技进步三等奖，桂林市中药厂再次被桂林市人民政府授予增产增收一等功称号，并获 1987 年度广西经济效益先进单位。

6 月 1 日，桂林市中药厂隆重召开 20 周年纪念大会，并举办厂史展览。12 月，经过邹节明与助手八年刻苦攻关，西瓜霜实现了现代工业化生产。

## 1988 年

桂林西瓜霜获"全国首届百病克星大赛"银奖，西瓜霜润喉片获自治区新产品开发百花奖；桂林市中药厂获桂林市增产增收一等功"三连冠"、获 1988 年度广西经效先进单位、自治区重合同守信用企业、全区医药行业思想政治工作优秀企业、生产管理 QC 小组获 1988 年全国优秀质量管理小组称号。厂长邹节明被评为桂林市 1988 年度优秀厂长及广西医药行业优秀思想政治工作者。

桂林市中药厂在北京召开西瓜霜系列产品研讨会，著名喉科专家耿鉴庭（中医）、姜泗长（西医）出席并主持会议，北京各大医院 28 名专家参加了会议，对西瓜霜系列产品做了较高评价。同年，桂林市中药厂晋升为自治区级先进企业。

## 1989 年

西瓜霜润喉片获广西优质产品奖，蛤蚧定喘丸被评为国家医药管理局优质产品，桂林中药制药厂获广西经济效益先进企业，邹节明获桂林市优秀厂长。

与中国药材公司全方位联营，改名为桂林中药制药厂，晋升为国家二级企业。

桂林中药制药厂获全国医药系统先进集体、全国中药行业节能先进单位、国家节能二级企业、首届广西百家企业劳动竞赛"双增双节"金杯奖、广西质量管理奖、广西劳动竞赛最多名优产品奖等称号。邹节明被国务院表彰为国家首批享受政府特殊津贴的有突出贡献的中医药专家，获广西优秀厂长、桂林市劳动模范、市优秀共产党员等称号。

以邹节明为项目第一完成人的复方西瓜霜车间技改项目被评为全国中药行业"七五"期间技术改造优秀项目，西瓜霜工艺改革与复方西瓜霜处方改进研究获国家科技成果证书。桂林中药制药厂获广西工业经济百强企业、广西经济效益先进企业及最佳经济效益杯劳动竞赛金杯奖（金杯三连冠）。邹节明厂长被评为广西劳动模范。

1990年

桂林中药制药厂获广西经济效益先进企业。邹节明被评为广西优秀厂长，并获全国第一届中药行业优秀企业家、"全国厂长（经理）质量经营演讲与交流大会"一等奖。

1991年

1992年

6月1日，桂林中药制药厂召开建厂25周年庆祝大会。

## 1993年

桂林中药制药厂被列入"全国500家最大医药企业"行列（位居第126位），同年被评为全国医药行业质量效益型先进企业、广西质量效益型先进企业、广西技术进步百强企业等称号。

## 1994年

被桂林市政府授予1994年度利税大户、亿元企业、利税增长超百万元企业，桂林西瓜霜（系列产品）被桂林市政府命名为"桂林第四宝"。同年被评为广西文明单位、广西首批优秀科技型企业、广西思想政治工作优秀单位、全国医药行业思想政治工作优秀企业、全国医药行业质量效益型先进企业。

组建桂林三金药业集团公司，以资产为纽带，增强企业抗风险能力，当年工业总产值、销售收入双双突破亿元大关。

## 1995年

获全国医药行业思想政治工作优秀企业、全国用户满意企业、第二届全国中药行业优秀企业称号，系广西劳动竞赛金杯奖四连冠唯一企业；邹节明董事长荣获全国医药行业优秀思想政治工作者称号、第二届全国中药行业优秀企业家，林敦陶副总经理获全国为用户服务先进工作者。

由中国企业管理协会、中国企业家协会在北京人民大会堂主持召开"桂林三金药业集团公司发展战略研讨会",全国人大副委员长王光英、程思远、袁宝华等领导人以及在京有关部委、科研院所、高等院校的领导及专家学者60人会聚一堂,董事长邹节明会上介绍企业的发展情况及成功经验,探讨企业战略目标、对策和发展模式。

以邹节明为第一完成人的"桂林西瓜霜与西瓜霜润喉片的研制"项目获国家科技进步三等奖。

公司获全国中药系统先进集体、全国质量效益型先进企业、中国企业管理杰出贡献奖、全国五一劳动奖状、广西劳动竞赛"金杯七连冠"等光荣称号,董事长邹节明荣获全国优秀企业家"金球奖"。

公司获全国精神文明建设工作先进单位、广西劳动竞赛"金杯八连冠","三金"牌商标被国家工商行政管理局商标局认定为中国驰名商标。

1996年

1997年

公司产值、销售收入双双突破3亿元,各项经济效益指标居于国内同行业前列。在高起点上,企业发展不停步,再次进行股份合作制改造,为企业注入新的活力。

1998年

董事长兼总经理邹节明当选为第九届全国人大代表;三金正式改制为股份合作制企业,各项管理制度不断完善创新。

1999年

公司出资收购破产企业——桂林市罐头食品厂,组建具有独立法人资格的全资子公司——三金集团桂林金可保健品有限公司。同年,集团办公大楼喜迁新址,公司以崭新的面貌迎接新世纪的到来。

## 2000 年

公司获全国质量管理小组活动优秀企业，三分厂的前处理 QC 小组、郁金香 QC 小组均获得"全国优秀质量管理小组"称号。

收购临桂制药厂部分资产，投资组建三金集团桂林同济堂制药有限责任公司；11 月，投资组建桂林三金医药有限公司。同年，顺利通过国家药品监督管理局 GMP 及澳大利亚治疗性物品管理局（TGA）的现场检查，三大主导产品——西瓜霜润喉片、桂林西瓜霜、三金片均被列入 2000 版《中华人民共和国药典》。

## 2001 年

4 月 6 日，桂林三金药业集团公司正式更名为桂林三金药业集团有限责任公司，确立了法人与自然人出资的有限责任公司体制。12 月 27 日，企业名称变更为桂林三金药业股份有限公司；投资组建零售连锁企业桂林三金大药房有限责任公司。

## 2002 年

荣获全区"百家诚信纳税户"荣誉称号；三金牌西瓜霜系列、三金片、玉叶解毒颗粒、眩晕宁颗粒、蛤蚧定喘胶囊喜获广西名牌称号，三金牌复方田七胃痛胶囊获广西优质产品称号。董事长邹节明获首届中国企业家创业奖；王许飞总经理当选为桂林市第二届人大代表。

## 2003 年

勇夺 2002 年度桂林市第一利税大户。

投资组建三金集团湖南三金制药有限责任公司。

桂林西瓜霜（中药材炮制品）及其系列产品获得国家质量监督管理检验检疫总局"原产地标记"保护认证。三金集团被列入2004中国100强医药企业、广西企业50强、桂林市首批纳税信用等级A级企业，董事长邹节明被授予国家首批认定的高级职业经理人称号。

公司荣获"全国文明单位"荣誉称号；二车间郁金香QC小组以第一名的成绩荣获"国优"。
西瓜霜的制备工艺获国家保密专利。

"三金牌西瓜霜的研究与开发"获"广西科技特别贡献奖"，公司拿出150万元重金对内部科技进步项目进行奖励。公司正式获得ISO14001环境管理体系证书、2005年度广西十佳企业、广西"安康杯"竞赛优胜奖；董事长邹节明被评为2005年度广西十佳企业家。

2004年

三金集团三金生物药业有限责任公司成立，公司技术中心被国家认定企业技术中心，拥有博士后科研工作站，在国内中药行业中科技创新水平处于领先地位。三金科研大楼落成，"广西医药产业人才小高地"挂牌。

2005年

桂林三金集团正式更名为"三金集团"，这标志着三金从一个地方性的企业集团升级为全国性的以中药、天然药生产、研发为主业，制药、保健品等相关产业为辅的大型企业集团。桂林三金药业股份有限公司顺利通过GMP再次换证检查，成为广西首家通过国家GMP再认证的制药企业，并顺利通过澳大利亚TGA的GMP复检再认证。

2006年

三金以积极筹备上市为契机，以做大做强为目标，从自我滚动发展到利用品牌优势整合社会资源，开始腾飞新征程。

## 2007年

公司荣获2006年度广西十佳企业;公司一车间荣获广西工人先锋号并被授予广西五一劳动奖状;公司技术中心被授予广西现代中成药工程技术研究中心。董事长邹节明荣获2006年度广西十佳企业家。

三金已经拥有17项发明专利,27项外观设计专利,是国内中药保护品种数量最多的企业之一。

## 2008年

公司被评为2007年度全国"安康杯"竞赛优胜企业、中国自我药疗产业发展杰出贡献企业、桂林市纳税信用等级A级企业、2008年桂林市抗击雨雪冰冻灾害支持捐助灾区特别贡献奖单位。"特色中成药脑脉泰胶囊的研究与开发"获2007年度广西科学技术进步奖一等奖;"一种防治咽喉口腔疾病的中药治剂及其制备方法"获第十届中国专利奖优秀奖。邹节明董事长获桂林市抗击雨雪冰冻灾害支持捐助灾区先进个人、总经理王许飞获广西五一劳动奖章、谢元钢获桂林市劳动模范称号。

桂林三金捐赠100万元支持广西冰冻灾区人民重建家园。
5·12汶川大地震,桂林三金捐赠药品及现金共计301万元,属桂林之最。

## 2009年

公司荣获2008—2009年度全国医药行业内容、思想文化建设先进单位,"现代中成药的药材炮制与应用研究"、"广西特色药用植物菝葜的系统研究与产业化应用"分获桂林市科学技术进步奖一等奖、二等奖,王淑霖副书记荣获行业思想文化建设特殊贡献奖。

桂林三金以高成长、高效益的崭新面貌,成功进入资本市场,成为A股IPO暂停九个月后重启的首家上市公司,7月10日正式挂牌上市交易,首日开盘报32.5元,较发行价涨64.14%。同年,桂林金可罐头食品有限公司投产。

三金被正式确定为国家创新型试点企业、荣获广西优秀企业称号；三金品牌喜获"新中国成立以来广西60最具影响力品牌"，公司董事长邹节明荣获有"中国的诺贝尔奖"之称的"2010年度何梁何利基金科学与技术创新奖"，成为广西首位获此次殊荣的科学家、学者，并再获广西优秀企业家称号；王许飞总经理被评为广西劳动模范。

"三金片的技术改造"被列为"十二五国家重大科技专项之中药大品种改造"首批支持项目。"现代特色中成药三金片的研究与开发"喜获广西科技进步一等奖；公司被国家科技部正式批准成为国家创新型试点企业，成为全国医药行业企业文化示范基地、广西清洁生产企业、广西优秀劳动关系和谐企业，并获2010年度广西"安康杯"竞赛优胜企业、广西先进基层党组织。提取车间荣获2010年度全国"社会主义劳动竞赛"先进班组。

2010年
在全国范围内实施渠道整治工程，全面推行"控制营销"战略，开展营销创新。

2011年
桂林三金现代中药产业园在临桂新区秧塘工业园区（简称中药城）破土动工；为寻求新的技术支撑，充实扩大产品结构，与军科院二所缔结产学研联盟，共同推进军队特需药品的研发和生产保障体系建设，加强军用成果向民用成果转化，促进企业研发能力的提高。
由邹节明董事长主编的《广西特色中草药资源选编》由科学出版社正式出版发行。

2012年
荣获2011年度全国"安康杯"优胜企业、广西优秀企业、自治区安全文化建设示范企业、"广西企业文化建设示范基地"称号。董事长邹节明荣获2011年度广西优秀企业家、2009-2010年度广西职工思想政治工作先进工作者、桂林市"十大杰出创新人才"、桂林市优秀企业家荣誉。

## 2013 年

公司被国家工商总局授予国家级"守合同重信用企业"荣誉称号,并获 2012 年度全国"安康杯"竞赛优胜单位、广西百强企业等荣誉。"三金"牌商标再获广西著名商标,西瓜霜系列产品荣获中国专利奖,三金片、蛤蚧定喘胶囊等 55 个独家特色品种喜获入列国家基药目录。邹节明董事长再次荣获全国中医药博士生优秀论文指导老师、桂林市优秀企业家。提取车间派遣工唐润花荣获广西五一劳动奖章;党委副书记王淑霖、二车间派遣工唐桂兰分别荣获桂林市五一劳动奖章。

正式收购宝船生物医药科技(上海)有限公司,以单克隆抗体类似药为切入点,正式进军生物制药领域。广西中药产业化工程院在桂林三金药物研究所正式挂牌成立;公司提升质量管理水平,正式启动质量控制系统(FE LIMS)。

## 2014 年

"一种菝葜皂苷化合物"获得了美国专利权,这是公司首次获得国际专利,实现了专利创造和管理的新突破。公司正式被国家科技部评为国家技术创新型示范企业,荣获中国医药行业最具影响力榜单百强企业、全国民贸民品企业百家壮大企业、广西地方税纳税百强企业、广西十佳优秀企业;提取车间荣获"全国安康杯"优胜班组荣誉。三金片荣获桂林市科学技术特别贡献奖,西瓜霜清咽含片荣获第四届广西发明展金奖。公司总裁王许飞获得了国家五一劳动奖章、广西优秀企业家、桂林十佳优秀企业家等荣誉,二车间派遣工唐桂兰荣获广西区五一劳动奖章。

桂林三金西瓜霜生态制品有限责任公司正式归入桂林三金(002275.SZ)上市体系。

公司连续第四次获全国"安康杯"竞赛优胜单位，并荣获2014年度、2015年度最受投资者尊重的100家上市公司、中国中药百强创新企业、广西地方税纳税百强企业、桂林市市长质量奖，"现代特色中成药三金片的研究与开发"项目获2014年科学技术特别贡献奖、西瓜霜清咽含片获第十七届中国专利奖、舒咽清喷雾剂获得国家中药品种保护；公司总裁王许飞荣获桂林十佳优秀企业家称号，副总裁谢元钢荣获广西劳动模范称号。

桂林金可罐头食品有限公司正式归入桂林三金（002275.SZ）上市体系。桂林三金一款重磅靶向抗癌新药获得临床批文，实现广西单抗新药申报零的突破。

2015年

投资10亿元的三金中药城一期工程基本建成投产，三金全部生产线和大部分管理部门搬迁到中药城新区，开始了新一轮的创业。

2016年

企业荣获第三届广西主席质量奖，并成为中国中药企业科技创新投入TOP10、国家首批两化融合管理体系贯标企业、2014—2015年度全国"守合同重信用"企业、2014—2015年度广西优秀企业、广西产学研用一体化企业，广西高价值专利培育示范中心、广西质量管理先进单位称号；提取车间荣获"全国安康杯优胜班组"、一车间获"全国工人先锋号"等荣誉；公司邹节明董事长获得"广西十佳优秀企业家"、马强薇和黄红荣获广西优秀质量管理工作者称号。

桂林三金获2017年全国工业企业"质量标杆"。

"三金"入选2017年广西老字号。

## 2017年

5月，桂林金可保健品有限公司和桂林三金西瓜霜生态制品有限责任公司分别更名为"桂林三金大健康产业有限公司""桂林三金日化健康产业有限公司"。

5月23日，三金建企五十周年大庆。主题为"肯定过去、激励现在、展望未来"的建企50周年系列庆典活动在桂林市漓江大瀑布酒店隆重召开，1300多名新老员工笑逐颜开、欢聚一堂，将公司50周年华诞的庆祝活动推向了高潮。

后记
## 君子之德

2015年岁末，我接到一通来自桂林的电话，电话那端的人有着浓重的南方口音，他说读过我的《红豆赤子》，也希望我为他们的董事长写本传记，那些日子我有些焦虑，于是毫不犹豫地谢绝了。电话那端听了我的话显然很失望，我有些不忍，便推荐他去找我的同门师兄——资深出版人傅跃龙先生，他也是《红豆赤子》的出版人。而我，则开始筹划我的慢生活。

2016年春节过后，我忽然接到傅跃龙的电话，他非常兴奋地告诉我，他已飞往桂林见到了三金老总，这本书还得我来写，因为三金的董事长是我们的大师兄、杰出校友，也是我们引以为傲的学长，他叫邹节明。我听了一阵儿脸红，为自己的孤陋寡闻，也为自己当初不假思考的决定。傅跃龙知道我的武大情结，几乎所有从武汉大学毕业的人都有的情结，就这样把我们从天南海北联系到了一起。

2016年2月，我利用双休日飞往桂林，开始了对三金董事长邹节明先生的采访。

邹节明先生在他的办公室接受我的采访，办公室的简洁与朴素让我惊讶，更让我惊讶的是，邹节明董事长身着白色的二十世纪八九十年代流行的手工编织高领毛衣，外罩普通夹克衫，体形匀称，完全看不出他是一位市值百亿的上市企业董事长。而他鼻梁上架着的黑色边框眼镜，让他更像一位学者和师长，让我顿时觉得亲切，我想所谓"文质彬彬，然后君子"大概就是这个样子。我们的谈话没有客套、没有寒暄，直奔主题，这让我的采访也呈现出高效率的态势。我发现心中想要慢生活的人不止我一个，尤其是从美丽的武大校园走出来的人，而最终我们还是不知不觉地选择了高效率和高节奏。为什么？我心中有很多的为什么等待解答。

中国经济最引人注目的三十年也是改革开放的三十年，邹节明这一代知识分子在经历了共和国经济改革阵痛后崛起，他们为此付出了整个青春甚至一生。他们与社会上有着"暴发户"之称的那些富豪最大的不同就是他们胸怀理想，他们心中"国家兴亡，匹夫有责"的责任感驱使他们在中国经济的改革大潮中勇往直前。而面对财富，他们又本着"君子爱财，取之有道"的原则和"君子务本，本立而道生"的超然物外的境界。《中庸》曰："知、仁、勇三者，天下之达德也。"邹节明他们心中的道德标准是传统文化中君子的品德，而他们又将传统君子的品德与时代做了最好的对接。邹节明从不相信天上掉馅饼的传说，所以他几十年如一日地研发新产品，打造拳头产品，他用一生的时光来为中医药事业现代化和国际化打工。一个有使命感的人，他的追求早已超越了世俗的金钱与名利。

邹节明是一个纯粹的知识分子，他成为企业家是时代使然，所谓时势造英雄，大概就是如此。中国经济改革大潮造就了邹节明这样一代中国式新儒商，他们是国家的栋梁；他们的人生经历和企业发展历程都是后代应该汲取的财富。

历时两年的采访，我收获良多。邹节明做人的低调与谦逊，做事治学的严谨，以及他对财富和荣誉的淡定，都让我对这本书充满信心。感谢出版人傅跃龙先生，感谢他耐心等待我用时两年完成书稿；感谢桂林三金接受我采访的王许飞总裁以及三金所有高管和员工，他们让我看到了一个企业的精神以及企业文化的力量；感谢为我采访提供全方位支持的桂林三金宣传部，特别感谢付丽萍和曾静萍两位女士，是她们的勤奋工作让我顺利完成了这本书的写作。最后，我要真诚地感谢桂林三金集团董事长邹节明先生，感谢他选择了我作为他的传记撰写者，并接受我历时两年的采访。孔子说"知之者不如好之者，好之者不如乐之者"，感谢邹节明先生让我又做了一件我喜欢的事。

伊乐

2017年7月21日于北京真武庙二条

附录

# 邹节明经营管理类获国家与省部级荣誉
# （部分证书目录）

| 序号 | 证书奖状名称 | 发证颁奖单位 | 发证时间 |
|---|---|---|---|
| 1 | 全国优秀企业家 | 中国企业联合会、中国企业家协会 | 1994 |
| 2 | 全国劳动模范 | 国务院 | 1995 |
| 3 | 全国五一劳动奖章 | 中华全国总工会 | 1996 |
| 4 | 中国科协西部开发突出贡献奖 | 中国科学技术协会 | 1997 |
| 5 | 首届表彰的中国创业企业家 | 中国企业联合会、中国企业家协会、中国企业管理科学基金会 | 1997 |
| 6 | 中国药学发展奖（药学管理奖） | 中国科学技术发展基金会、药学发展基金委员会、中国药学会 | 1998 |
| 7 | 入选中国优秀企业家数据库 | 中国企业家协会 | 2000 |
| 8 | 第一届中药行业优秀企业家 | 国家中医药管理局、中国中药企业管理协会 | 2001 |
| 9 | 广西劳动模范 | 广西壮族自治区人民政府 | 2002 |
| 10 | 全国质量管理小组活动卓越领导者 | 中国质量管理协会、全国总工会 | 2003 |
| 11 | 2007年第八届"十大中华管理英才"人物 | 第八届中华管理英才论坛组委会 | 2003、2004 |
| 12 | 全国医药行业优秀思想政治工作者 | 中国医药职工思想政治工作研究会、中国医药企业文化建设协会 | 2007 |
| 13 | 全国卫生系统思想政治工作成绩突出的优秀党委书记 | 卫生部全国卫生系统思想政治工作研究会 | 2008 |
| 14 | 广西优秀职工思想政治工作者 | 广西壮族自治区宣传部、组织部、经委、总工会、政研会 | 2008 |
| 15 | 卓越领军企业家 | 炎帝神农中医药发展论坛组委会 | 2011 |

| | | | |
|---|---|---|---|
| 16 | 2009-2010年度思想政治工作先进工作者 | 广西企业文化建设协会、全区企业文化建设工作协调小组办公室 | 2012 |
| 17 | 2011广西重质量守信用创品牌优秀企业家 | 中国质量领先企业调查组委会、中国质量信用评价中心、中国品牌杂志社 | 2016 |
| 18 | 广西优秀厂长经理、优秀企业家 | 广西企业家协会 | 1990-2013 |
| 19 | 广西企业技术进步优秀管理工作者 | 广西区经委 | 1996-2005 |
| 20 | 广西十佳企业家 | 广西企业联合会、广西企业家协会 | 2005、2008、2015 |
| 21 | 2008年抗击雨雪冰冻灾害先进个人 | 桂林市人民政府 | 2009 |
| 22 | 首届桂林市"十大杰出创新人才"荣誉称号 | 中共桂林市委员会、桂林市人民政府 | 2012 |

# 邹节明科技类获国家与省部级荣誉
## （部分证书目录）

| 序号 | 证书奖状名称 | 项目名称 | 发证颁奖单位 | 发证时间 |
|---|---|---|---|---|
| 1 | 政府特殊津贴证书（首批） | | 国务院 | 1991 |
| 2 | 全国医药科技工作先进个人 | | 国家医药管理局 | 1996 |
| 3 | 广西优秀专家 | | 广西区党委、广西区人民政府 | 1994 |
| 4 | 广西优秀专业技术人员 | | 广西区人民政府 | 1999 |
| 5 | 广西区领导联系、关护的科技人才 | | 广西区党委人才工作协调小组 | 2005、2007 |
| 6 | 全国科学大会科技成果重大贡献奖 | 三金片 | 全国科学大会 | 1978 |
| 7 | 优秀科技成果完成者证书 | 三金片 | 广西科学大会 | 1978 |
| 8 | 国家科技进步三等奖 | 桂林西瓜霜与西瓜霜润喉片的研制 | 国家科学技术委员会 | 1997 |
| 9 | 国家科技成果完成者证书 | 西瓜霜工艺改革与复方西瓜霜处方改进研究 | 国家科学技术委员会 | 1992 |
| 10 | 2005年度广西科学技术特别贡献奖 | 三金牌西瓜霜的研究与开发 | 广西区人民政府 | 2006 |
| 11 | 广西重奖研制推广科技成果有功人员特等奖励证书 | 研制生产桂林西瓜霜、西瓜霜润喉片 | 广西区党委、广西区人民政府 | 1993 |
| 12 | 国家医药管理局科学技术进步三等奖 | 西瓜霜工艺改革研究 | 国家医药管理局 | 1988 |
| 13 | 广西优秀科技成果 | 抗痨丸的研究 | 广西科学大会 | 1978 |
| 14 | 广西科学技术进步二等奖 | 桂林西瓜霜与西瓜霜润喉片的研究 | 广西区人民政府科技进步奖评委会 | 1995 |
| 15 | 广西科学技术进步三等奖 | 西瓜霜喉口宝的研制开发 | 广西区人民政府科技进步奖评委会 | 2000 |

| 16 | 广西科学技术进步三等奖 | 蛤蚧定喘胶囊的研制 | 广西区人民政府科技进步奖评委会 | 1998 |
|---|---|---|---|---|
| 17 | 广西科学技术进步三等奖 | 复方田七胃痛胶囊的研制 | 广西区人民政府科技进步奖评委会 | 1997 |
| 18 | 广西科学技术进步三等奖 | 玉叶解毒冲剂的研制 | 广西区人民政府科技进步奖评委会 | 1996 |
| 19 | 世界华人重大科学技术成果证书 | 桂林西瓜霜与西瓜霜润喉片的研制 | 世界华人重大科学技术成果评审委员会 | 1999 |
| 20 | 全国中药行业"八五"技改优秀项目 | 综合车间技改项目 | 国家中医药管理局 | 1998 |
| 21 | 全国中药行业"七五"技改优秀项目 | 复方西瓜霜车间技改项目 | 国家中医药管理局 | 1992 |
| 22 | 国家级新产品 | 脑脉泰胶囊 | 国家经贸委 | 1999 |
| 23 | 国家重点新产品 | 复方田七胃痛胶囊 | 国家科委、税务总局、外经贸部、国家技术监督局、国家环保局 | 1997 |
| 24 | 国家重点新产品 | 蛤蚧定喘胶囊 | 国家科委、税务总局、外经贸部、国家技术监督局、国家环保局 | 1997 |
| 25 | 广西壮族自治区主席资金项目 | 三金片（系列）二次开发 | 广西壮族自治区科技厅 | |
| 26 | 桂林第四宝 | 桂林西瓜霜系列产品 | 桂林市经委、医药管理局、卫生局、消费者协会 | 1994 |
| 27 | 科技进步三等奖 | 药用植物菝葜的系统研究与产业化应用 | 广西壮族自治区人民政府 | 2010 |
| 28 | 科技进步二等奖 | 配合纳米微粒的共振散射和荧光光谱研究及其在环境药物分析中的应用 | 广西壮族自治区人民政府 | 2010 |
| 29 | 何梁何利基金科学与技术创新奖 | 何梁何利基金科学与技术创新奖 | 何梁何利基金会 | 2010 |
| 30 | 科技进步一等奖 | 现代特色中成药三金片的研究与开发 | 广西壮族自治区人民政府 | 2011 |

| 31 | 中国专利优秀奖 | 一种治疗口腔咽喉疾病的药物组合物及其制备方法和用途 | 中华人民共和国国家知识产权专利局 | 2013 |
| 32 | 广西科学技术特别贡献奖 | 现代特色中成药三金片的研究与开发 | 广西壮族自治区人民政府 | 2015 |

注：表内各项科技进步奖项目，邹节明系项目发明人、设计者、第一完成人、题目负责人。

# 邹节明部分社会兼职目录

| 序号 | 部分社会兼职 | 兼职机构 | 兼职时间 |
|---|---|---|---|
| 1 | 中医药工作专家咨询委员会委员 | 国家中医药管理局 | 1996 |
| 2 | "卫生部药典委员会委员（第七、八届）" | "卫生部国家药典委员会" | 1996/2002 |
| 3 | 第九届全国人大代表 |  | 1998-2002 |
| 4 | 第八届广西人大代表 |  | 1993-1997 |
| 5 | 中国企业联合会、中国企业家协会第第七届理事会常务理事 | "中国企业联合会、中国企业家协会" | 2003-2008 |
| 6 | 中国中药协会常务理事 | 中国中药协会 | 2002-2005 |
| 7 | 广西企业联合会、广西企业家协会副会长 | 广西企业联合会、广西企业家协会 | 1999 |
| 8 | 广西科协第四届、第五届委员会常务委员 | 广西壮族自治区科协 | 1996-2008 |
| 9 | 桂林市科协副主席（第一届-第三届） | 桂林市科协 | 1999-2014 |
| 10 | 广西科技进步奖评审委员会委员（第四届-第七届） | 广西区人民政府科技进步奖评委会 | 1994- |
| 11 | 北京中医药大学客座教授、博士生导师 | 北京中医药大学 | 2001-2005 |
| 12 | 武汉大学第二届杰出校友 | 武汉大学 | 1999 |
| 13 | 广西中医学院兼职教授 | 广西中医学院 | 1997-2009 |
| 14 | 《中国现代中药》杂志编辑委员会委员 | 《中国现代中药》杂志编辑部 | 2010-2013 |
| 15 | 《中草药》杂志编委会编委、副主任委员 | 《中草药》杂志编委会 | 1996年至今 |

# 邹节明有效发明专利汇总

| 序号 | 专利名称 | 专利号 | 发明人 |
|---|---|---|---|
| 1 | 一种从菝葜或其同属植物中提取纯化绿原酸的方法 | ZL201310752257.8 | 周艳林、邹节明 |
| 2 | 一种羊开口的扦插繁殖方法 | ZL201310752283.0 | 邹节明、钟小清、李虹 |
| 3 | 一种同时制备7-羟基-4'-甲氧基黄烷和紫檀芪的方法 | ZL201310744274.7 | 邹节明、周艳林 |
| 4 | 一种羊开口的种植萌芽方法 | ZL201210576158.4 | 邹节明、蒋水元、吕高荣、李虹 |
| 5 | 一种菝葜水溶性成分的含量检测方法 | ZL201210576168.8 | 邹节明、周艳林 |
| 6 | 一种剑叶龙血树总黄酮中7-羟基-4'-甲氧基黄烷和紫檀芪的检测方法 | ZL201210576245.X | 邹节明、周艳林 |
| 7 | 一种方糖及其制备方法 | ZL201210001697.5 | 邹节明、李建华 |
| 8 | 一种治疗口腔疾病的中药组合物及其制备工艺、检测方法 | ZL201110105310.6 | 邹节明 |
| 9 | 一种三金制剂的检测方法 | ZL201110028317.2 | 邹节明、周艳林、云强 |
| 10 | 一种金樱根的检测方法 | ZL201110028946.5 | 邹节明、周艳林、云强 |
| 11 | 一种同时制备野蔷薇苷和蔷薇苷化合物的方法 | ZL201110028315.3 | 邹节明、周艳林 |
| 12 | 一种菝葜皂苷化合物 | ZL201010194619.2 | 邹节明 |
| 13 | 一种菝葜皂苷化合物（美国专利） | 专利号：US8648180B2 | 邹节明 |
| 14 | 一种西瓜霜的检测方法 | ZL201010300225.0 | 邹节明 |
| 15 | 一种中药组合物在制备治疗尿细胞因子或其受体水平过高及大肠埃希菌感染的药物上的应用 | ZL200910311103.9 | 邹节明 |
| 16 | 一种保肝护肝的中药组合物及其制备方法和质量控制方法 | ZL200910304933.9 | 邹节明 |

| | | | |
|---|---|---|---|
| 17 | 一种中药保健组合物及其制备方法 | ZL200910304636.4 | 邹节明 |
| 18 | 一种菝葜的质量控制方法 | ZL200810089423.X | 邹节明 |
| 19 | 一种西瓜霜润喉滴丸及其制备方法 | ZL200610126899.7 | 邹节明 |
| 20 | 一种治疗感冒的中药组合物及其制备方法和质量控制法 | ZL200510132390.9 | 邹节明 |
| 21 | 一种药物组合物及其制备方法和质量控制方法 | ZL200510055265.2 | 邹节明 |
| 22 | 一种西瓜霜的质量控制方法 | ZL200410097190.X | 邹节明 |
| 23 | 一种治疗心脑血管疾病的制剂及其制备方法和质量控制方法 | ZL200410057398.9 | 邹节明 |
| 24 | 一种治疗心脑血管疾病的制剂及其制备方法和质量控制方法 | ZL200610000651.6 | 邹节明 |
| 25 | 三金片的制备方法 | ZL200410073628.0 | 邹节明 |
| 26 | 一种治疗妇科炎症的中药制剂 | ZL200410058110.X | 邹节明 |
| 27 | 一种治疗白细胞减少症的制剂及其制法 | ZL200410068944.9 | 邹节明、李洪江 |
| 28 | 一种三金制剂中羟基积雪草苷和/或积雪草苷含量的检测方法 | ZL200410050066.8 | 邹节明 |
| 29 | 治疗结肠炎的中药组合物及其制备方法、质量控制方法 | ZL200410038268.0 | 邹节明、孟杰 |
| 30 | 一种中药制剂及其制备方法 | ZL200410001200.5 | 邹节明 |
| 31 | 一种止血镇痛、祛瘀生新的中成药及其制备方法 | ZL03150155.9 | 邹节明 |
| 32 | 一种益气补血养心安神的中成药及其制备方法质量控制方法 | ZL03137427.1 | 邹节明 |
| 33 | 一种治疗消化系统疾病的药物及其制备方法 | ZL03137425.5 | 邹节明 |
| 34 | 一种治疗心血管疾病的中成药及其制备方法质量控制方法 | ZL03137426.3 | 邹节明 |
| 35 | 一种治疗口腔咽喉疾病的中药组合物及其制备方法 | ZL03137148.5 | 邹节明 |
| 36 | 一种治疗泌尿系统疾病的药物组合物及其制备方法、用途 | ZL03124080.1 | 邹节明 |
| 37 | 一种治疗口腔咽喉疾病的药物组合物及其制备方法和用途 | ZL03122364.8 | 邹节明 |
| 38 | 一种防治咽喉口腔疾病的中药制剂及其制备方法 | ZL02157378.6 | 邹节明 |

| 39 | 一种防治咽喉口腔疾病的中药制剂及其制备方法 | ZL02158103.7 | 邹节明 |
| --- | --- | --- | --- |
| 40 | 一种防治外感风热的药物及其生产方法 | ZL01129082.X | 邹节明 |
| 41 | 一种治疗中风的药物及其生产方法 | ZL00131558.7 | 邹节明、王淑霖、莫明雄、彭丽 |
| 42 | 西瓜霜系列获原产地标记注册证 | 国家质量监督检验检疫总局 | |